Antwort auf 125 biblische Fragen

Arbeitsbuch für den biblischen Unterricht

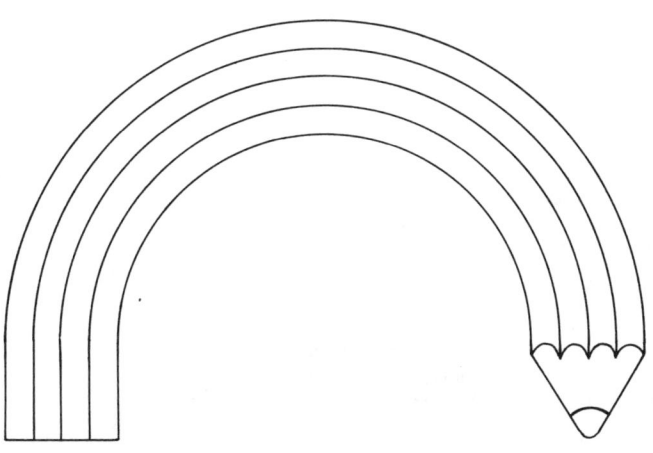

Christliche
Verlagsgesellschaft
Dillenburg

TELOS-Präsente Nr. 2107

4. überarbeitete Auflage, 1984
ISBN 3-921292-01-8

© Copyright: Christliche Verlagsgesellschaft, Dillenburg

Inhaltliche, abschnittweise Überarbeitung:
Dieter Boddenberg, Rudolf Haas, Josef Kausemann,
Ernst Lefringhausen, Walter Pfeiffer

Zusammengestellt: Dieter Boddenberg

Titel, Illustrationen und Gesamtgestaltung:
Eberhard Platte, Werbestudio 71 A, Wuppertal

Satz: Gimpel, Büro für Druck- & Werbeproduktion,
Wuppertal
Druck und Verarbeitung:
St.-Johannis-Druckerei C. Schweickhardt, Lahr
Printed in Germany   20361/1984

Inhalt

Vorwort

Mit großer Freude und der Bitte um den Segen unseres Herrn legen wir das neue »Arbeitsbuch für den biblischen Unterricht« vor. Bei der Abfassung dieses Buches haben wir auf ein Heft von Walter Traub zurückgegriffen, das 1939 erschien. Es wurde fast vollständig überarbeitet, zu einem großen Teil neu verfaßt und illustriert.

In einer Zeit zunehmend verfälschten biblischen Unterrichts will unser Arbeitsbuch über die wichtigsten biblischen Fragen Aufschluß geben. Es ist bewußt auf den Unterricht in den Bibelklassen der Sonntagsschulen und Jugendstunden zugeschnitten. Lehrern und Lernenden soll das Buch eine Hilfe sein zur Erarbeitung grundlegender Aussagen des Wortes Gottes. Auch im persönlichen Bibelstudium wird es nützliche Anleitungen geben.

Viele Bibelstellen begründen die Aussagen. Wir empfehlen, wenigstens einige der fettgedruckten Bibelstellen auswendig zu lernen, denn gelerntes Wort vertieft das Wissen.

Es ist unser Wunsch, daß durch das Studium der Bibel mit unserem Arbeitsbuch vielen Menschen das Wort Gottes verständlicher und lieber wird, daß sie die Zusammenhänge und maßgebenden Grundsätze des Wortes Gottes klar verstehen, sie auf sich anwenden und danach tun. Daß dies durch Gottes Heiligen Geist geschieht, ist unser Gebet.

Dillenburg, im Oktober 1975   Der Verlag

Vorwort zur 2. Auflage

Wir freuen uns, nach fast einem Jahr eine neue Auflage der ersten folgen lassen zu können. Etliche Fehler wurden beseitigt. Einige Kapitel erfuhren textliche Ergänzungen und Straffungen bezüglich biblischer Belegstellen. Im Wesentlichen aber blieben die Aussagen unverändert. Unser Anliegen bleibt mit der Neuauflage das gleiche wie 1975: Vertiefung biblischen Wissens, methodisch geordnetes Grundlagenmaterial für den Bibelunterricht und Anregung zum eigenen Studium der Heiligen Schrift. Unser Herr möge dazu weiter seinen Segen geben.

Dillenburg, im September 1976   Der Verlag

Erklärung von Bibelverslesarten:

Hinter dem abgekürzten Namen des Bibelbuches steht zuerst die Kapitelangabe und durch Komma getrennt der Bibelvers. Einzelne Verse sind durch Punkte getrennt. Mehrere Bibelstellen sind durch Semikolon (;) getrennt.

ein »f« hinter einem Vers bedeutet: auch der folgende Vers ist wichtig.

ein »ff« hinter einem Vers bedeutet: auch die folgenden Verse sind wichtig.

I.
Von Gottes Wort

1 Frage: Was ist die Bibel?

Antwort: Die Bibel ist der Brief Gottes an uns Menschen. Wir nennen sie **»Bibel«** (griech. biblos = Buch). Sie ist das beste, wichtigste und unentbehrlichste Buch für alle Zeiten und alle Menschen. Wir nennen sie **»Heilige Schrift«,** weil die in ihr niedergeschriebene Botschaft heilig (von Gott) ist und weil sie selig und heilig machen will. 2. Tim. 3,15; Röm. 1,2.

Wir nennen sie **»Gottes Wort«,** weil Gott durch sie mit uns redet. **Jes. 48,18; Joh. 5,39; 8,51; 7,38; 17,17; 7,17; Matth. 24,35;** Ps. 119,9.

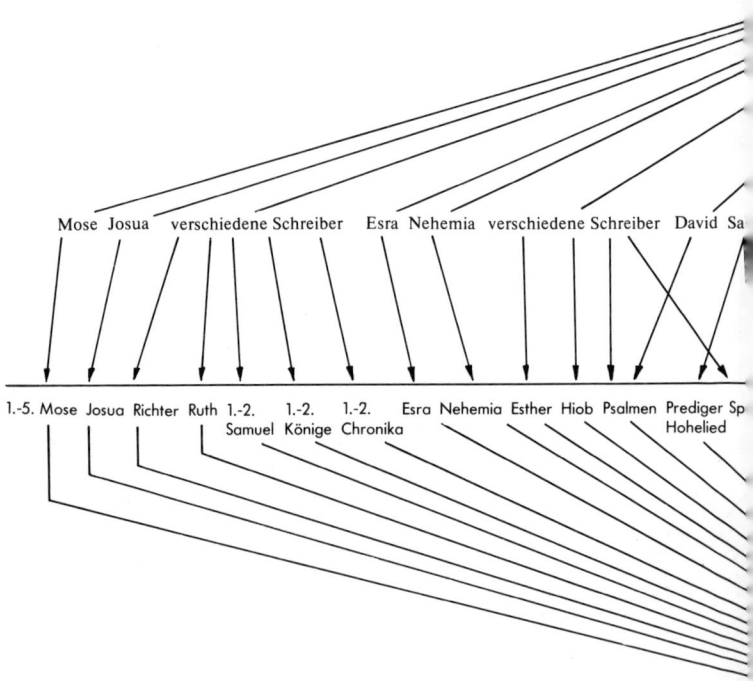

Antwort: Die Bibel ist von Menschen für Menschen zu verschiedenen Zeiten und unter verschiedenen Umständen geschrieben worden. Die Bibel wurde geschrieben von Menschen, die vom Heiligen Geist getrieben wurden. Diese Männer haben also nicht ihre eigene Menschenweisheit darin niedergelegt, sondern die Wahrheit, die der Geist Gottes ihnen eingab. Deshalb ist letzten Endes **Gott durch den Heiligen Geist der Verfasser der Bibel.**

2. Petr. 1,19-21; 2. Tim. 3,16-17; 1. Thess. 2,13; Gal. 1,11

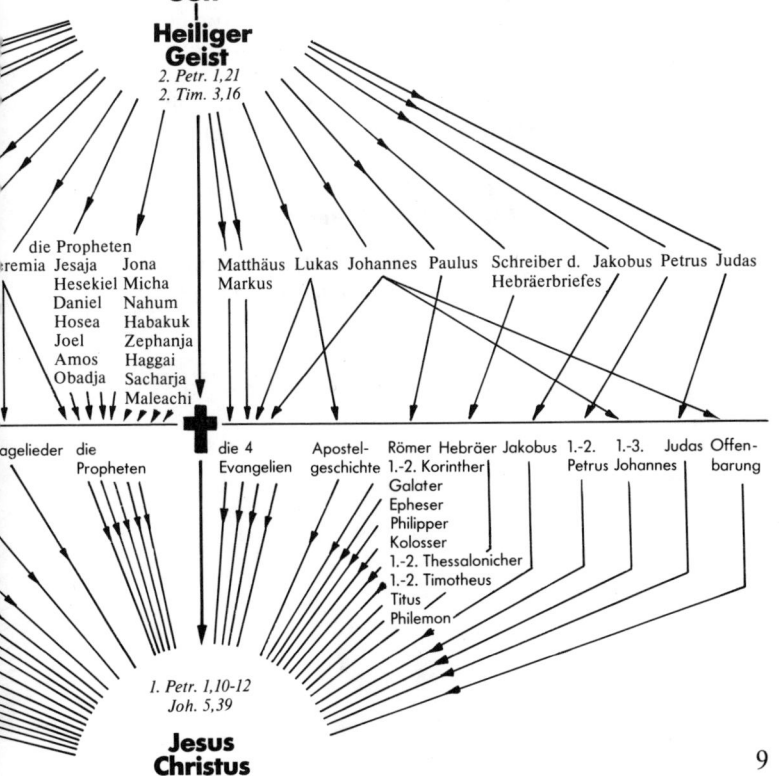

Gott

Heiliger Geist

2. Petr. 1,21
2. Tim. 3,16

die Propheten
Jeremia   Jesaja   Jona
Hesekiel   Micha
Daniel   Nahum
Hosea   Habakuk
Joel   Zephanja
Amos   Haggai
Obadja   Sacharja
Maleachi

Matthäus   Lukas   Johannes   Paulus   Schreiber d.   Jakobus   Petrus   Judas
Markus   Hebräerbriefes

Klagelieder   die
Propheten

die 4
Evangelien

Apostel-
geschichte

Römer   Hebräer   Jakobus   1.-2.   1.-3.   Judas   Offen-
1.-2. Korinther   Petrus   Johannes   barung
Galater
Epheser
Philipper
Kolosser
1.-2. Thessalonicher
1.-2. Timotheus
Titus
Philemon

1. Petr. 1,10-12
Joh. 5,39

Jesus Christus

9

3 Frage: Woran erkennen wir, daß die Bibel Gottes Wort ist?

Antwort:

1. Sie bezeugt es selbst (vgl. Frage 8, Antwort 4): **Jer. 22,29; 23,29; Jes. 55,11; Joh. 7,16-17.**

2. Es ist in Erfüllung gegangen, was sie geweissagt hat. Luk. 24,44; Ps. 22,1, 6-8, 15-18 u. 31; vgl. mit Matth. 27,39-46 u. Joh. 19,24, 28-30; Micha 5,1 vgl. mit Matth. 2,5-6; Jes. 35,5 u. 61,1-2 vgl. mit Luk. 4,18-19 u. Matth. 11,5; Jes. 53, 1-12 vgl. mit Phil. 2,5-11.

3. Sie ist eins der ältesten Bücher der Welt und ist doch bis heute aktuell geblieben. Auch für unsere Zeit ist sie packend und von höchster Bedeutung. Sie hat zu allen Zeiten einen gewaltigen Einfluß auf die Menschen ausgeübt. Noch heute tröstet, verwandelt und heiligt sie die Menschen wie kein anderes Buch.
   Hebr. 4,12; Röm. 1,16-17; 1. Kor. 1,18; Ps. 119,50.92; Matth. 24,35 vgl. mit Jer. 36, 2-6 u. 21-23 u. 32; **Jer. 15,16.**

Obwohl man Gottes Wort haßte und verbrannte, existiert es heute noch und wird allezeit bleiben.

Antwort: Die Bibel besteht aus 2 großen Teilen: Das Alte und das Neue Testament.

Das Alte Testament ist die Ankündigung, das Neue Testament die Ausführung des Heilsplanes Gottes. Die Bibel besteht aus 66 Büchern: 39 Bücher im Alten Testament und 27 Bücher im Neuen Testament. Obwohl sie von 30 bis 40 Verfassern in einem Zeitraum von etwa 1600 Jahren geschrieben wurde, ist sie doch eine Einheit.

<u>Zum Alten Testament gehören:</u> 17 Geschichtsbücher, 5 Lehrbücher und 17 prophetische Bücher. (Eigentlich müßten 5 Psalm-Bücher gezählt werden wie auch bei den 5 Büchern Mose.)

<u>Zum Neuen Testament gehören:</u> 5 Geschichtsbücher, 21 Lehrbücher und 1 prophetisches Buch.

Wir halten uns hierbei an die weit verbreitete Einteilung, fügen aber hinzu, daß die Geschichtsbücher nicht ausschließlich geschichtliche Tatsachen beinhalten, sondern auch Lehre und Prophetie, während die Lehr- und prophetischen Bücher auch von geschichtlichen Tatsachen berichten.

66 Bücher (eigentlich 70 Bücher)

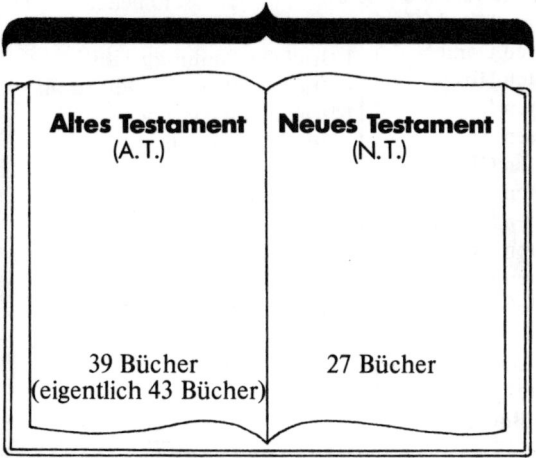

Altes Testament (A.T.)	**Neues Testament** (N.T.)
39 Bücher (eigentlich 43 Bücher)	27 Bücher

11

5 Frage: Wie ist die Reihenfolge der biblischen Bücher?

Antwort:

— Im Alten Testament —

5 Bücher Mose
1 Buch Josua
1 Buch der Richter
1 Buch Ruth
2 Bücher Samuel
2 Bücher der Könige
2 Bücher der Chronika
1 Buch Esra
1 Buch Nehemia
1 Buch Esther
= **17 Geschichtsbücher**

1 Buch Hiob
1 Buch Psalmen (eig. 5 Bücher)
1 Buch Sprüche
1 Buch Prediger
1 Buch Hohelied
= **5 Lehrbücher** (eig. 9 Bücher)

1 Buch des Propheten Jesaja
1 Buch des Propheten Jeremia
1 Buch Klagelieder des Jeremia
1 Buch des Propheten Hesekiel
1 Buch des Propheten Daniel
1 Buch des Propheten Hosea
1 Buch des Propheten Joel
1 Buch des Propheten Amos
1 Buch des Propheten Obadja
1 Buch des Propheten Jona
1 Buch des Propheten Micha
1 Buch des Propheten Nahum
1 Buch des Propheten Habakuk
1 Buch des Propheten Zephanja
1 Buch des Propheten Haggai
1 Buch des Propheten Sacharja
1 Buch des Propheten Maleachi
= **17 prophetische Bücher**

— Im Neuen Testament —

1 Buch Evangelium Matthäus
1 Buch Evangelium Markus
1 Buch Evangelium Lukas
1 Buch Evangelium Johannes
1 Buch Apostelgeschichte
 des Lukas
= **5 Geschichtsbücher**

1 Brief des Paulus an
 die Römer
2 Briefe des Paulus an
 die Korinther
1 Brief des Paulus an
 die Galater
1 Brief des Paulus an
 die Epheser
1 Brief des Paulus an
 die Philipper
1 Brief des Paulus an
 die Kolosser
2 Briefe des Paulus an
 die Thessalonicher
2 Briefe des Paulus an Timotheus
1 Brief des Paulus an Titus
1 Brief des Paulus an Philemon
1 Brief an die Hebräer
1 Brief des Jakobus
2 Briefe des Petrus
3 Briefe des Johannes
1 Brief des Judas
= **21 Lehrbücher**

1 prophetisches Buch
die Offenbarung des Johannes.

Frage: Wovon redet die Bibel haupt-- sächlich? 6

Antwort: Die Bibel redet hauptsächlich von **Gottes** Wesen, Willen und Wirken, von des **Menschen** Sünde und Verderben, von zeitlichen und diesseitigen Dingen, von überzeitlichen und jenseitigen Dingen und von dem Heil in **Christus.** Sie lehrt uns also, was wir glauben und wie wir leben sollen. **Ps. 93,5a; Micha 6,8; Pred. 12,13-14; Röm. 1,16; 1. Kor. 1,18;** 2. Tim. 3,15.

Gott

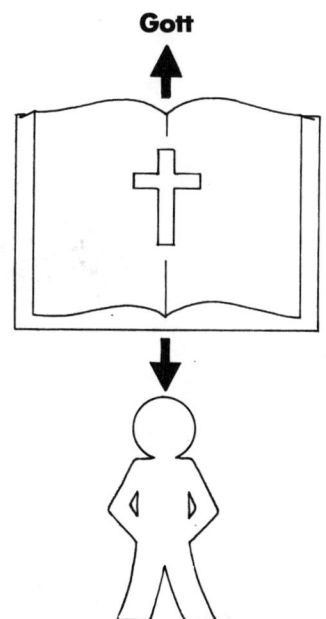

7 Frage: Wie sollen wir die Bibel lesen?

Antwort: Wir sollten die Bibel mit Ehrfurcht und unter Gebet um Klarheit durch den Heiligen Geist lesen, sie auf uns anwenden und unseren Glauben und unser Leben danach ausrichten.

Ps. 119,9.105; Joh. 5,39; 7,17; Röm. 15,4; Kol. 3,16; Jak. 1,22; Offb. 1,3; Apg. 17,11; 1. Thess. 2,13; Röm. 10,16; Hebr. 4,2b; Matth. 4,4; 7,21 u. 26-27; Röm. 2,13; Joh. 14,23.

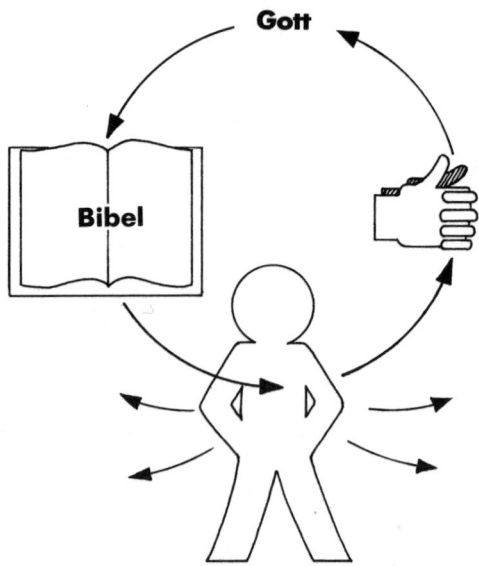

II.
Von Gottes
Wesen

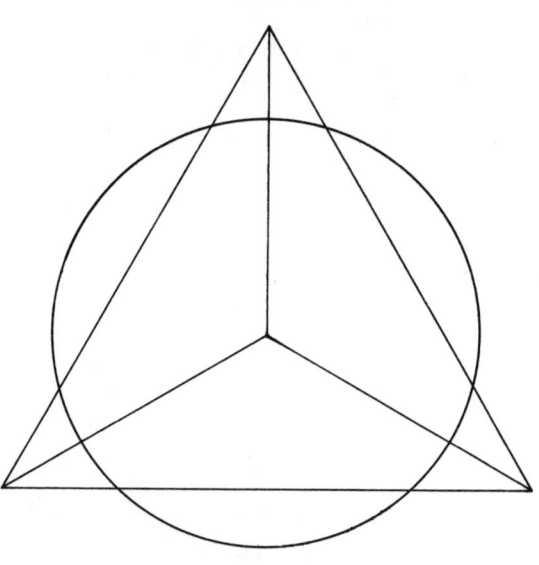

8 Frage: Wieviele Gottesoffenbarungen gibt es?

Antwort: Es gibt 5 Gottesoffenbarungen:

1. in der **Schöpfung: Ps. 19,1-6; Ps. 104;** Pred. 3,11; **Hebr. 11,3; Kol. 1, 15-17;** Röm. 1, 19-20; Apg. 14, 15-17.
2. in der **Geschichte:** Ps. 66, 5-7; Ps. 136, 10-25.
3. im menschlichen **Gewissen:** Röm. 2,14-15.
4. in **seinem Wort** (in der **Bibel**): Röm. 10,17; 2. Tim. 3,16; Luk. 16,29; (vgl. Frage 3, Antwort 1).
5. in **seinem Sohn:** Hebr. 1,1-2; Joh. 17,3; 12,45; 14,7 u. 9.

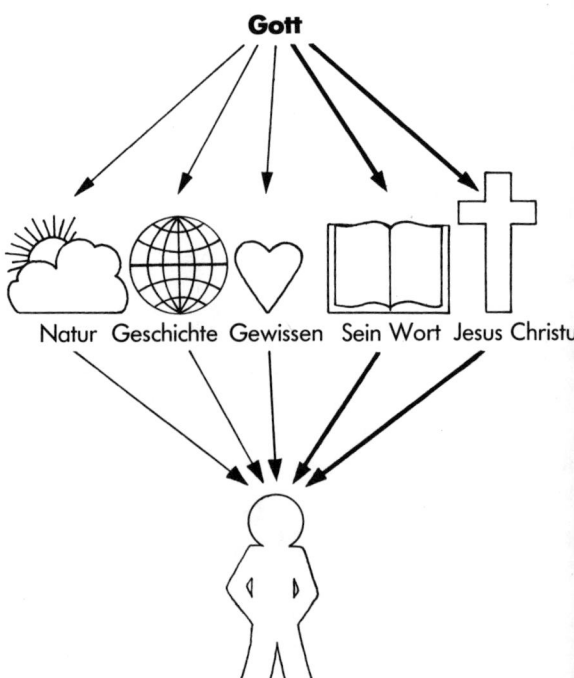

Gott

Natur   Geschichte   Gewissen   Sein Wort   Jesus Christu

Frage: Was wissen wir von Gottes Wesen überhaupt?

9

Antwort: Gott ist der ewig Seiende. Er ist der Schöpfer, Erhalter und Regent aller Dinge. **Ps. 77,13 u. 16; 89,9; 147,5;** Jes. 40,22; Ps. 104; Hiob 12,7-10; Pred. 3,14 (vgl. Frage 8, Antwort 1 u. 2).

1. **Gott ist Geist,** das heißt: Gott hat keinen Leib. Er ist nicht, wie wir Menschen an einen Leib gebunden. So kann er zu gleicher Zeit an allen Orten wirksam sein. Seine Erkenntnis ist unbegrenzt. Sünde und Krankheit, die uns der Leib verursacht, kennt er nicht (vgl. Frage 10, Antwort 4 und Frage 11, Antwort 1). **Joh. 4, 24; Ps. 139, 7-10;** 2. Kor. 3,17.

2. **Gott ist Licht,** das heißt: Gott ist das reinste, heiligste und herrlichste Wesen. Sein Licht ist so herrlich, daß es kein sündiger Mensch ertragen kann. Sein Licht durchströmt alle Welt. Durch sein Licht schenkt er uns unsere Erkenntnis und Glückseligkeit. **1. Joh. 1,5.7; Jak. 1,17; Ps. 36,9; Joh. 1,4-5 u.** 7-9; **8,12** Joh. 9,5; **12,35-36** u. **46;** 3,19; **Ps. 139,11-12.**

3. **Gott ist Liebe,** das heißt: Gott hat Gefallen an seiner Schöpfung. Er will nicht, daß sie verlorengeht, sondern, daß alle seine Geschöpfe glücklich sind. Gott will aber, daß wir ihm für seine große Liebe dankbar sind und ihn wiederlieben. **1. Joh. 4,7-9, u. 16 u. 19; 3,16; Joh. 3,16;** 15,13; **2. Kor. 13,13; Röm. 5,8; 1.Tim.2.4.**

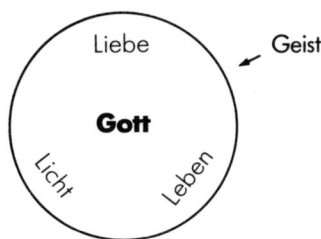

10 Frage: Wodurch unterscheidet sich Gott von seinen Geschöpfen?

Antwort: Durch folgende Eigenschaften unterscheidet sich Gott hauptsächlich von seinen Geschöpfen:

1. **Gott ist ewig,** das heißt: Er hat keinen Anfang und kein Ende:
   Ps.90,1-2; 102,12.24-27; Spr.8,25-27; Joh. 8,58; 1.Tim.6.16; Kol.1,17.

2. **Gott ist unsichtbar im Gegensatz zu materiell existierenden Wesen:** 1.Tim.6,16; 1,17; **Röm.1,20** (vgl. Frage 9, Antwort 1 u. 2).

3. **Gott ist unveränderlich,** das heißt: Wir Menschen verändern uns dauernd; aber Gottes Gesinnung und Liebe sind immer gleich.
   2.Mose 3,14; 4.Mose 23,19; 5.Mose 6,4; 1.Sam.15,29; Ps.102,25-27; **Mal.3,6;** Hebr.1,10-12; **13,8; Jak.1,17; Offb.1,8.**

4. **Gott ist allgegenwärtig,** das heißt: Für Gott gibt es keine Grenzen des Raumes noch der Zeit. Er ist an jedem Ort zugleich wirksam, und nirgends kann man sich vor ihm verbergen.
   Ps.139,1-12; Spr.15,3; Jer.23,23-24; Apg.17,27-28.

5. **Gott ist allwissend,** das heißt: Gott sieht, weiß und kennt alles in Vergangenheit, Gegenwart und Zukunft. Deshalb wählt er auch immer die besten Mittel und Wege aus, seine heiligen Zwecke zu erreichen und kommt damit ans Ziel.
   Ps.94,9; **1.Kön. 8,39b; Röm.11,33-34;** Jer. 16,17; Jes.46,9-10; Dan.2,20-22 u. 28; Hiob 15,8; 11,7; Jes.42,9; Apg.15,8; Röm.16,27; Röm.8,28.

6. **Gott ist allmächtig,** das heißt: Er kann tun und lassen, was er will, mit oder ohne Hilfe seiner Geschöpfe.
   Ps.115,3; Jer.32,17.**27;** Dan.2,20-22; 3,16-17; 1.Mose 18,14; Matth.3,9; Hiob 11,7; Eph. 1,19-22; **Offb.4,11;** Luk.1,37.

Frage: Was wissen wir von Gottes Wesen? 11

Antwort: 2 Eigenschaften sagen uns hauptsächlich etwas von Gottes sittlichem Wesen:

1. **Gott ist heilig,** das heißt: Er hat keine Gemeinschaft mit der Sünde, liebt nur das Gute und Reine. Das Böse verabscheut er.
   Ps.5,4; 1.Petr.1,16; 2.Mose 20,5; 3.Mose 11,45; 19,2; Matth.5,48; Hab.1,13.

   a) Aus seiner Heiligkeit folgt auch **Gottes Gerechtigkeit.** Gott urteilt nach heiligem Recht. Er nennt gut, was gut ist, und belohnt es. Er nennt böse, was böse ist, und bestraft es. Gott wägt alles, aller Menschen Denken, Reden und Tun, auf einer richtigen Waage und beurteilt den Menschen danach. Auch **Gottes Zorn** ist eine Äußerung seiner Gerechtigkeit.
   Hiob 34,11-12 u. 19-21; **Spr.16,2;** Ps.11,4; **Apg.10,34; 17,31;** Röm.2,6-11; **Offb.16,5; Spr.17,3;** 24,12; 5,21; Ps.66,10; Pred.11,9; Röm.12,19; 5.Mose 4,24; 1.Sam.16,7.

   b) **Gottes Wahrhaftigkeit** ist ebenfalls eine Folge seiner Heiligkeit. Gott ist lautere, unwandelbare Wahrheit. Er täuscht niemandem etwas vor, sondern er hält, was er verspricht.
   4.Mose 23,19; 5.Mose 32,4; Ps. 33,4; Matth.24,35; Joh.14,6; 18,37; Hebr.6,18; 1.Sam.15,29.

2. **Gott ist gnädig und barmherzig,** das heißt: Gott erweist in seiner Liebe allen Menschen gute, unverdiente Wohltaten und vergibt dem Bußfertigen Schuld und Strafe.
   2.Mose 34,6-7; 5.Mose 4,31; Joh.3,16; Matth. 5,45; Röm.3,23-25; Ps.86,15; 103,3-5, 8-13; Hebr.4,15-16. ►

a) Gepaart mit dieser Wesensart ist **Gottes Treue.** Gott erfüllt treu seine Verheißungen, sendet aber auch die angedrohten Strafen zu seiner Zeit.
5.Mose 32,4; 7,9; Apg.13,34; **Hebr.10,23;** 11,11; 1.Kor.1,9; **10,13;** 2.Kor.1,18; **1.Thess.5,24; 2.Thess.3,3;** 2.Tim.2,13; **1.Joh.1,9;** Offb.19,11.

b) Eine Auswirkung seiner Gnade ist **Gottes Geduld.** In seiner Liebe trägt Gott die Sünder mit großer Schonung, schiebt die verdiente Strafe noch auf und wartet auf Umkehr.
Ps.103,8; 2.Mose 34,6; Röm.2,4; 11,22; 2.Petr.3,9.15; Ps.86,15; 145,8; Neh.9,17; Nahum1,3; Jes.48,9; 4.Mose 14,18; Röm.9,22.

12 Frage: Was wissen wir von der Dreieinheit (= Trinität) Gottes?

Antwort: Dreieinheit ist mehr als Dreieinigkeit. Gott offenbart sich uns in 3 Personen,
● als Vater (siehe Abschnitt II),
● als Sohn (siehe Abschnitt VII) und
● als Heiliger Geist (siehe Abschnitt VIII).
An einigen Stellen bezeichnet das Alte Testament ihn als **Vater:** 5.Mose 32,6; Jes.63,16; Mal.1,6. Oftmals spricht es vom kommenden **Sohn: Jes.9,6; 7,14** (siehe Abschnitt VI); und vom belebenden **Geist: Hes.36,26-27.** Klarer ist jedoch die Dreieinheit Gottes im Neuen Testament bezeugt: Matth.3,16-17; 28,19; **2.Kor.13,13.** Trotzdem bleibt die Lehre von der Dreieinheit Gottes ein Geheimnis, das wir nicht ergründen können, wohl aber glauben sollten.

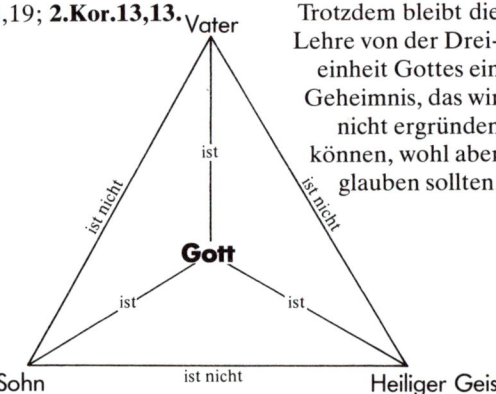

20

III.
Von Gottes Schöpfung

13 Frage: Worin zeigt sich das Wirken Gottes in der Natur?

Antwort: Gottes Wirken in der Natur zeigt sich in der sichtbaren Schöpfung. Gott ist der Schöpfer der Welt. Im Gegensatz zum Menschen schafft Gott etwas aus dem Nichts.

Bei ihm sind Wort und Wille zugleich Tat (vergl. Jesu Wunder). **Ps.115,3; Hebr.11,3;** Apg.4,24; 17,24; Röm.4,17b (vergl. Frage 9, Abschnitt 1).

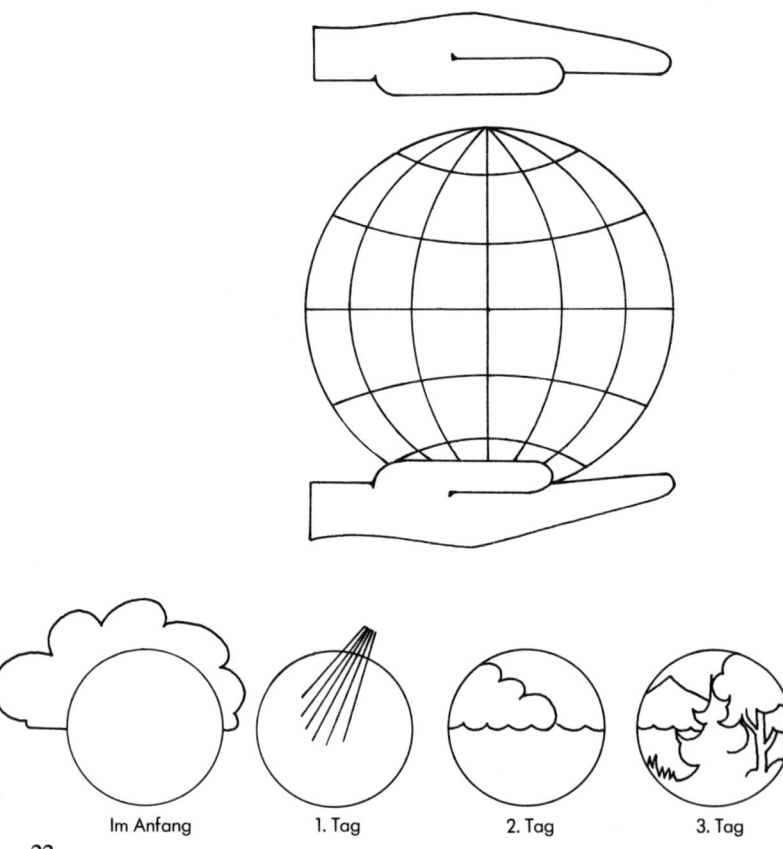

| Im Anfang | 1. Tag | 2. Tag | 3. Tag |

Frage: Welches ist die Reihenfolge der Schöpfung? 14

Antwort: »Im Anfang schuf Gott die Himmel und die Erde«, 1.Mose 1,1. Die weitere Schöpfung vollzieht sich in 6 Tagen. Am 7. Tag ruhte Gott von seinen Werken.
1.Mose 1,1-31; 2,1-3 u. 7 u. 21-24; 2.Petr. 3,5.

● Am **1. Tag** ward **das Licht.** Weil die Gestirne erst am 4. Tage sichtbar wurden, muß es ein anderes Licht gewesen sein. 1.Mose 1,3-5; vgl. 1,14-19.

● am **2. Tag** ward **die Luft, und Gott trennte das Wasser über der Feste (Wolken) von dem Wasser unter der Feste (Wasser auf der Erde).** 1.Mose 1,6-8.

● am **3. Tag** trennte Gott **das Land und das Wasser auf der Erde.** Es entstanden **Meere, Seen und Flüsse und das trockene Land. Gras, Kräuter, Sträucher und Bäume** ließ er darauf hervorgehen nach ihrer Art. 1.Mose 1,9-13.

● Am **4. Tag** ließ Gott **Sonne, Mond und Sterne** (Lichter) erscheinen. 1.Mose 1,14-19.

● Am **5. Tag** belebte Gott das Wasser mit **Fischen** und die Luft mit **Vögeln.** 1.Mose 1,20-23.

● Am **6. Tag** ließ Gott die Landtiere hervorgehen nach ihrer Art und schuf den **Menschen.** Weil **der Mensch die Krone der Schöpfung** ist, wird von seiner Erschaffung dreimal berichtet: **1.Mose 1,24-27;** 2,7-8; 2,21-23.

● Am **7. Tag ruhte Gott** von allen seinen Werken. 1.Mose 2,1-3; vgl. 2.Mose 20,11 (siehe auch Frage 27 Absatz 4).

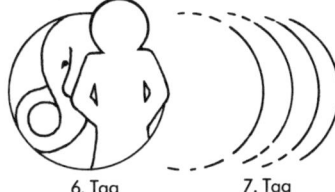

4. Tag   5. Tag   6. Tag   7. Tag

15 Frage: Wie waren die Dinge geartet, als Gott sie schuf?

Antwort: Alles, was Gott schuf, war sehr gut und vollkommen, da der vollkommene Gott nichts Unvollkommenes macht. 1.Mose 1,4.10.12.18.21.25 u. 31.

16 Frage: Wozu schuf Gott die Welt?

Antwort:

Er schuf sie als Wohnort der Menschen, die er in seinem Bilde zur Gemeinschaft mit sich selbst bildete. 1.Mose 2,15; Jes.45,18.

IV.
Der Mensch

17 Frage: Was ist der Mensch?

Antwort: Der Mensch wurde in dem Bilde Gottes
erschaffen. Dies zeigt sich vor allem in der Tatsache, daß der Mensch ein persönliches, denken-
des und moralisches Wesen ist. Wenn auch Gott
unendlich ist, der Mensch aber endlich, so besitzt
der Mensch doch die Elemente der Persönlichkeit,
die gleichartig sind denen der göttlichen Person:
Denken (1.Mose 2,19-20; 3,8); Fühlen (1.Mose
3,6); Wollen (1.Mose 3,6-7). Der Mensch ist auch
nach 1.Thess.5,23 eine Dreiheit, die besteht aus
Leib, Seele und Geist; aber weil »Gott ein Geist ist«
(Joh.4,24), darf diese dreigeteilte Natur des Menschen nicht verwechselt werden mit dem ursprüngli-
chen »Bild und Gleichnis« Gottes, die geistlich ist
und sich auf die Elemente der Persönlichkeit be-
zieht. Wenn auch die Worte »Seele und Geist« in
der Schrift manchmal ohne Unterschied gebraucht
werden, wenn sie sich auf dem Menschen beziehen
(Hiob 7,11; 1.Kor.5,5; Hebr.10,39), so wird doch
der Unterschied in verschiedenen Stellen klar hervorgehoben. Es wird gesagt, daß sie voneinander
getrennt werden können (Hebr.4,12), und sie werden auch unterschieden, wenn von dem **Tod** und
der Auferstehung des menschlichen Leibes die
Rede ist. Der Leib wird als ein natürlicher Leib begraben, aber auferweckt als geistlicher Leib
(1.Kor. 15,44). Der Unterschied zwischen den
beiden Ausdrücken scheint zu sein, daß es der
Geist ist, der »weiß« (1.Kor.2,11) und der fähig
ist, das Bewußtsein von Gott und die Gemeinschaft mit Gott zu haben (Hiob 32,8; Spr.20,27;
vgl. Ps.18,29), während die Seele der Sitz der Ge-
fühle, der Wünsche, der Bewegungen und des Willens des Menschen ist (Mt.11,29; 26,38; Joh.12,27).
(Scofield-Bibel, Anmerkg. S. 3 u. S. 1276)
1.Mose 1,27; Ps.119,73a; 1.Thess.5,23;
Hebr.4,12; 1.Mose 2,7; 1.Kor.15,45-47; Pred.12,7.

Frage: Woher wissen wir, daß der Mensch unsterblich ist?

18

Antwort: Wir wissen es, weil Gottes Wort es sagt. In der Bibel lesen wir, daß der verwesliche Leib Unverweslichkeit anziehen wird (1. Kor. 15, 53.54). Der Geist und die Seele werden zu Gott zurückkehren. Ferner sagt uns Gottes Wort, daß die Gläubigen nach dem Tode bei Christus sein werden und die Ungläubigen Gottes Gericht unterworfen werden.

Hiob 19,25-26; Pred. 12,7; 2. Kor. 5,1-10; Röm. 14,7-10; Thess. 4, 17b; 1. Thess. 5,23; Phil. 2,10; Röm. 8,23;

Die Bibel sagt in 1. Kor. 15, 35-38a:

Es wird aber jemand sagen: Wie werden die Toten auferweckt? Und mit was für einem Leib kommen sie? Tor! Was du säst, wird nicht lebendig, es sterbe denn. Und was du säst, du säst nicht den Leib, der werden soll, sondern ein nacktes Korn, es sei von Weizen oder von einem der anderen Samenkörner. Gott aber gibt ihm einen Leib, wie er gewollt hat...

19 Frage: Wie waren die ersten Menschen beschaffen?

Antwort: Die ersten Menschen waren nach dem Bilde Gottes geschaffen. Sie waren ohne Sünde, erkannten und liebten Gott und stimmten mit seinem Willen überein. So lebten sie im Paradiese in einer unbeschreiblichen Glückseligkeit mit Gott und seinen Geschöpfen. Gott gab ihnen einen freien Willen, sich für oder gegen ihn zu entscheiden. Auch hat Gott sie mit der Fähigkeit ausgerüstet, sich zu vermehren und alle Tiere unter ihre Herrschaft zu bringen.

1.Mose 1,27-31; 2,7-8 u.18-22; 1.Mose 9,1-7.

Frage: Wie kam es zum Sündenfall?

20

Antwort: Adam und Eva schenkten dem Satan (von Gott abgefallener Engelfürst Lucifer, vgl. Jes. 14,12) Gehör, der durch eine Schlange zu ihnen sprach und sie zum Ungehorsam gegen Gott aufreizte. Sie erlagen der Versuchung und übertraten Gottes Gebot, indem sie von der verbotenen Frucht aßen. **1.Mose 2,16-17; 3,1-6; Jak. 1,13-15; 2.Kor. 11,3.**

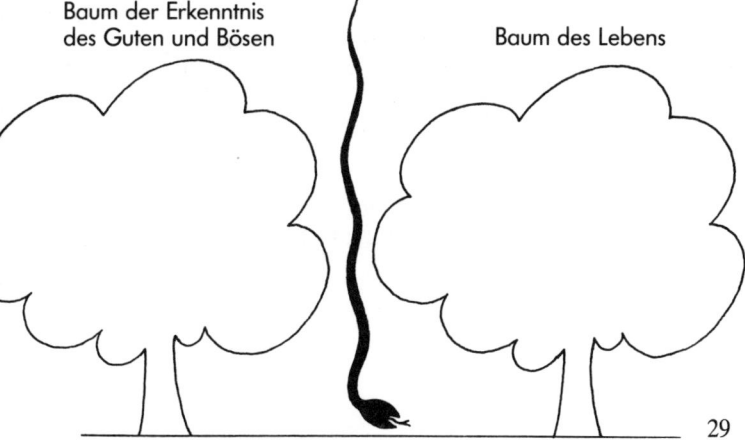

Baum der Erkenntnis des Guten und Bösen

Baum des Lebens

21 Frage: Was waren die Folgen des Sündenfalls?

Antwort: Die Folgen des Sündenfalls waren:

1. **Vertreibung aus dem Paradies.** Das bedeutete für sie den Verlust der Gemeinschaft mit Gott und des Glückes im Paradies. 1.Mose 3,23-24.

2. **Der Fluch über die Erde und die Bestrafung des Menschen.** Damit waren Schmerzen, Kummer und der Tod für alle Menschen verbunden. 1.Mose 3,16-19. Eine Ausnahme von der Strafe des Sterbenmüssens machen nur:

   a) **Henoch,** der entrückt wurde: **1.Mose 5,24;**

   b) **Elia,** der durch einen feurigen Wagen in den Himmel hineingeführt wurde: **2.Kön.2,1 u. 11-12;**

   c) **die Gläubigen der Endzeit,** die die Wiederkunft des Herrn erleben. Diese werden nicht sterben, sondern verwandelt und ihm entgegengerückt werden in den Wolken. **Joh.5,24;1.Thess.4,15-17;1.Kor.15,51-52.**

3. **Der Zwang zur Sünde und ein schlechtes Gewissen.** Durch die Sünde unserer ersten Eltern ist die Sünde in die Welt gekommen und durch die Sünde der Tod. Der Tod ist zu allen Menschen durchgedrungen, weil sie alle gesündigt haben. Röm.2,15; 5,12-21.

4. Aber auch **die Sehnsucht nach Erlösung und nach dem Verlorengegangenen** ist Folge des Sündenfalles. Der Mensch fühlt sich insgeheim mit der Sünde nicht eins, sondern sucht, sich von ihrer Macht zu befreien. Dabei ist er unglücklich und sehnt sich nach Errettung und Frieden.
   Röm.5.12 u.18-19; 7,24; 1.Kor.15,21-22; 1.Mose 3,7-24; Röm.6,16-18 u. 23; 8,19-23.

Antwort: Der Tod ist das Ende der leiblichen Existenz. Er ist die Trennung des Geistes und der Seele vom Leibe. Er bringt unendlich viel Leid über die Menschheit, aber er öffnet den Glaubenden auch den Eingang in ein vollkommenes Dasein. **Pred. 12,7; 1.Mose3,19; Röm.6,23; Phil.1,21; 1.Kor. 15,55-57; Röm.5,12; Hebr.9,27; 1.Kor.15,42-44.**

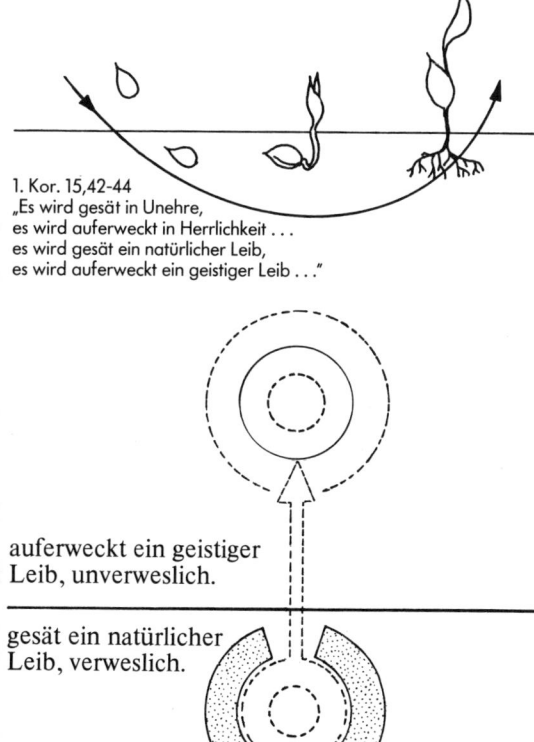

1. Kor. 15,42-44
„Es wird gesät in Unehre,
es wird auferweckt in Herrlichkeit ...
es wird gesät ein natürlicher Leib,
es wird auferweckt ein geistiger Leib ..."

auferweckt ein geistiger
Leib, unverweslich.

gesät ein natürlicher
Leib, verweslich.

31

23 Frage: Wo sind die Toten?

Antwort: Die Schrift lehrt, daß Geist und Seele des Menschen beim Tode ins Totenreich gehen. Dort gibt es 2 Orte:

1. einen Aufenthaltsraum für die **Gottlosen:** (hebr.: sheol, griech.: hades) Hebr.10,27; Luk.16,23-29.
2. einen Aufenthaltsraum für die **glaubenden Entschlafenen: Jes.57,2; Offb.14,13;** Dan. 12,13; Luk.16,22; **23,43;** Hebr.4,10; Phil.1,23.

Dort werden die Toten aufbewahrt,

1. entweder zur **Auferstehung des Gerichts:** Offb.20,11-15
2. oder zur **Auferstehung des Lebens: Joh.11, 25-26; 5,28-29;** 1.Thess.4,16c.

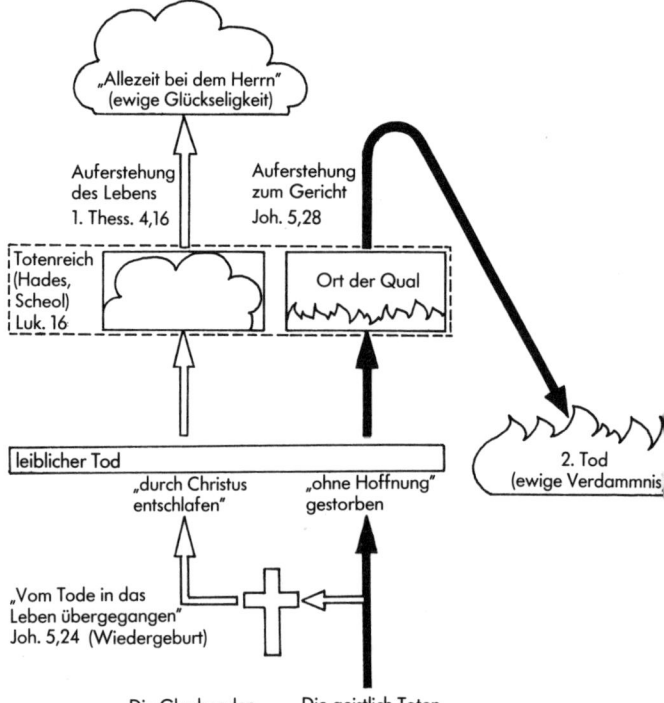

V.
Vom Gesetz und von der Sünde

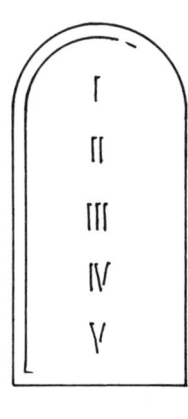

24 Frage: Was ist das Gesetz?

Antwort: Es gibt Naturgesetze und Staatsgesetze; aber auch ein göttliches Gesetz, das den Menschen ins Herz gegeben ist, dem Volke Israel jedoch auch schriftlich gegeben wurde. Von diesem göttlichen Gesetz soll hier die Rede sein. Gott gab es, damit der Mensch seinen Willen erkennen und sein Leben mit freiem Willen nach Gottes Wohlgefallen einrichten sollte (vgl. Frage 32 u. 33).

Ps. 119,9.92.105; Jes. 48,18; Matth. 7,21; Röm. 12,2.

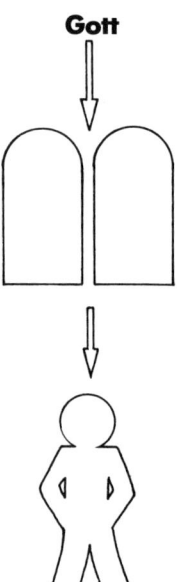

Gott

Frage: Wozu hat Gott das Gesetz gegeben? **25**

Antwort: Gott hat das Gesetz gegeben, um Sünde als persönliche Schuld deutlich zu machen. Ohne das Gesetz hätte der Mensch die Sünde überhaupt nicht erkannt. Jetzt aber kann er die Gefahr der Sünde sehen und erkennen, daß er aus eigener Kraft das Gesetz nicht erfüllen kann und Jesus Christus, den Erfüller des Gesetzes, nötig hat. Deshalb nennt die Bibel das Gesetz auch einen »Zuchtmeister auf Christus«. (Zuchtmeister [griech.: paidagogos] hatten in der griech.-röm. Welt die Aufgabe der Erziehung unmündiger Kinder bis zur Mündigkeit. Wenn diese eintrat, endete der Dienst des Zuchtmeisters. Der Gehorsam war dann nur noch eine Frage zwischen Vater und Kind).

Röm.3,20; 7,7, 12-13 u. 24-25; 5,13; 4,15; Hebr.10,3-7; 1.Tim.1,8; Gal.3,19-24.

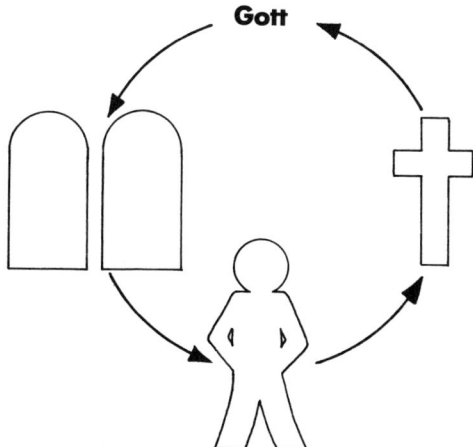

26 Frage: Welches sind die hauptsächlichsten Gesetze Gottes?

Antwort: Zum Gesetz gehören in erster Linie die 10 Gebote, das sogenannte **Sittengesetz** und in zweiter Linie die verschiedenen Anordnungen Gottes über Opfer, Reinigung und Gottesdienst, das sogenannte **Zeremonialgesetz.**

Das **Sittengesetz** geht über die Zeit und Landesgrenzen Israels hinaus und hat auch **für andere Völker** eine große Bedeutung. Das **Zeremonialgesetz** kennzeichnet **die besondere Stellung Israels zu Gott,** seine Abhängigkeit von ihm bis ins kleinste (vgl. Frage 32: Ps.19,7-11; **119,9 u.** 11-12 u. 44-48 u.66.72). **2.Mose 34,6-7; 3.Mose 19,2.18b;** 5.Mose 4,2.7-10; 5.Mose 5,26; **6,4-8;** 7,6-8a; **10,12;** 8,2b; 30,11 u.14; **Micha 6,8; Pred.12,13-14** (vgl. Frage 6); **Ps.119,92.105.**140-142.160.**165.**

Anmerkung:

Übersicht über die Gesetze Gottes *(2. Mose 20 bis 5. Mose 27).*

1. **Die 10 Gebote,** *Wiederholungen und Erklärungen derselben:*
2. Mose 20,1-17; 3. Mose 19; 5. Mose 5, 6 u. 10.

2. *Gesetze über* **die Stiftshütte und ihre Einrichtungen:**
Altargesetz: 2. Mose 20,24-26.
Einrichtungen: 2. Mose 25-31 u. 35-40; 4. Mose 8-10.

3. **Priestergesetze:**
Wahl und Kleidung: 2. Mose 28 u. 39; 4. Mose 15,37-41.
Weihe der Priester, Priesteramt erblich: 2. Mose 29,1-37; 3. Mose 8-10.
Reinheit der Priester: 3. Mose 21.
Zutritt zum Heiligtum: 3. Mose 22.
Besondere Dienste: 4. Mose 3,40-4,49.

Levitengesetz: 4. Mose 8,14-26.

Amt und Unterhalt der Priester: 4. Mose 18.

Nasiräergesetz: 4. Mose 6.

4. **Opfergesetze:**

Hebopfer für die Stiftshütte: 2. Mose 25, 1-9; 30,11-16.

Tägliche Opfer: 2. Mose 29,38-46; 30,1-10; 4. Mose 28,1-8.

Die 6 Hauptopfer: 3. Mose 1-10; 4. Mose 8,8-13.

Opferort und besondere Bestimmungen: 3. Mose 17.

Fehlerlose Opfer: 3. Mose 22,17-25; 5. Mose 17,1.

Erstgeburt: 3. Mose 27,26-27; 5. Mose 15, 19-23 (vgl. 2. Mose 13) 5. Mose 21,15-17.

Der Zehnte: 3. Mose 27,30-33; 4. Mose 18,18-25; 5. Mose 14,28; 26,1-15 (vgl. Mal. 3,8.10).

Opfer der Stammfürsten bei der Weihe der Stiftshütte: 4. Mose 7.

Sabbatopfer: 4. Mose 28,9-10.

Die rote Kuh: 4. Mose 19.

Besondere Opfer: 5. Mose 12,4-15.

Erstlingsgabe für die Leviten: 5. Mose 18,1-8; 26,1-15.

Gelübde Gott gegenüber: 5. Mose 23,21-23.

5. **Besondere Zeiten und Feste:**

Festgesetz: 2. Mose 23,10-19.

Die 7 Hauptfeste Jahwes (des Herrn) 3. Mose 23; 5. Mose 16, 1-17; 4. Mose 28,26-31; 29,1-39.

Das Sabbat- und Halljahr: 3. Mose 25; 5. Mose 15,1-11.

Das Passahgesetz: 4. Mose 9,1-14; 28,16-25 (vgl. 2. Mose 12).

Sabbatgebote: 2. Mose 31,12-17; 4. Mose 15,32-36.

6. *Gesetze zum* **Schutze von Mensch, Vieh und Eigentum:**

Sklavengesetz: 2. Mose 21,1-11; 3. Mose 25,35-55; 5. Mose 23,15-16.

37

▶ *Mord und Totschlag an Mensch und Vieh:*
2. *Mose 21,12-36; 3. Mose 24,17; 4. Mose*
35,9-34; 5. Mose 19,1-13; 21,1-9.

Diebstahl und Vergehen an fremdem Eigentum:
2. Mose 22, 1-7; 3. Mose 24,18.21; 5. Mose
24, 7.

Lästerung (Beschuldigung) des Nächsten:
2. Mose 22,7-15.

Sexuelle Verbrechen: 2. Mose 22,16-17.

Allgemeines Verhalten zum Nächsten: 2. Mose
21,12-23,9.

Auge um Auge, Zahn um Zahn: 3. Mose
24,19-20.

Armenschutz: 3. Mose 25, 35-55; 5. Mose
24,10-15.

Fremdlings- und Waisenschutz: 5. Mose
24,17-22; 27,19.

Bruderschutz: 3. Mose 25,25-28. 35-43;
5. Mose 15,12-18; 22,1-4; 5. Mose 23,
19-20.

Lösung von Menschen: 3. Mose 27,1-8.

Blindenschutz: 5. Mose 27,18.

Ehegesetze: 4. Mose 5,11-31; 5. Mose 21,
15-17; 22,13-29; 24,1-5; 25,5-12,; 3. Mose
20,10-21.

Gelübde: 4. Mose 30.

Freistatt bei Totschlag: 4. Mose 35,9-34;
5. Mose 19,1-13.

Erbtöchter: 4. Mose 26, 33; 27,1-11.

Erlaßjahr: 5. Mose 15,1-11.

Ungezogene Söhne: 5. Mose 21,18-21; 27,16.

Tierschutzgesetze: 5. Mose 22,1-7 u. 10;
5. Mose 25,4.

Schutz beim Hausbau: 5. Mose 22,8.

Schutz des Weinbergs: 5. Mose 22,9; 23,24.

Inzuchtverbot (Blutschande): 5. Mose 27,20-23

Verbot der Hurerei: 5. Mose 23,17-18.

7. *Besondere* **Reinigungsvorschriften:** *3. Mose*
11-15.

Schwere Sünden im Eheleben, Ehebruch, Tier-
schändung usw.: 3. Mose 18; 20, 10-21.

Reinigung bei Berührung von Toten usw.:
  4. *Mose 19.*

Speisevorschriften: 5. Mose 14.

Gehängte sollen nicht über Nacht hängen
  bleiben: 5. Mose 21, 22-23.

Gesetze der Volksgemeinschaft: 5. Mose
  23,2-17

Aussatzgesetze: 5. Mose 24,8-9; 3. Mose
  13 u. 14

8. *Gesetze* **gegen den Götzendienst:**

Verhalten zu fremden Göttern: 2. Mose
  23,20-33; 32,1-14.

Gegen den Molochdienst: 3. Mose 18,21;
  20,1-6

Steinigung für Gotteslästerer: 3. Mose
  24,10-16.23.

Warnung vor Abgötterei: 5. Mose 7; 12,29-31;
  16,21-22; 5. Mose 17,2-7

Zerstörung des Heidenkults: 5. Mose 12,1-3.

Gottesdienst nur an bestimmten Orten: 5. Mose
  12,4-14.

Wider falsche Propheten: 5. Mose 13,1-11.

Warnung vor Zauberei und Wahrsagerei:
  5. Mose 18,9-14.

9. **Besondere Gesetze:**

Gerechte Richter: 5. Mose 16,18-20; 17,8-13.

Königsgesetz: 5. Mose 17,14-20.

Falsche Gewichte: 5. Mose 25,13-16; 3. Mose
  19,35-37.

Wider falsche Zeugen: 5. Mose 19,15-21.

Kriegsgesetz: 5. Mose 20; 21,10-14.

Streit vor Gericht: 5. Mose 25,1-3.

Zählung und Lagerung der Stämme: 4. Mose
  1-3.

Teilung des Landes, Lagerung der Stämme:
  4. Mose 26 u. 32-35.

27 Frage: Wie lauten die 10 Gebote?

Antwort: **2.Mose 20,2-17;** 5.Mose 5,6-18.
4 Gebote beziehen sich auf unser Verhalten zu **Gott,** 6 Gebote auf unser Verhalten zu den **Menschen.** Das **erste** Gebot handelt von der **Person Gottes.** Er verbietet Abgötterei in jeder Form und fordert Gottesfurcht und Gottesliebe: **Matth. 22,37; 5.Mose 6,5; 10,12;** Matth.4,10; 1.Joh.5,21.
Das **zweite** Gebot handelt von der **Verehrung Gottes.** Es verbietet jeden Bilderdienst und fordert, daß Gott so angebetet und verehrt wird, wie er es in seinem Worte verordnet hat: **Joh.4,24;** Ps.97,7; Röm.1,22-25; Jes.40,25.
Das **dritte** Gebot handelt von dem **Namen Gottes.** Es verbietet jeden Mißbrauch des Namens Gottes und fordert Hochachtung und Ehrfurcht vor ihm: **Gal.6,7;** Ps.111,9-10; 48,10; 34,3.
Das **vierte** Gebot handelt von dem **Ruhetag Gottes.** Es verbietet alle Arbeit, wodurch der Sabbat entheiligt wird, und fordert, daß nach 6 Arbeitstagen ihm ein Tag geweiht werden soll: 2.Mose 31,12-17; 1.Mose 2,2-3; 5.Mose 5,12-15 (vgl. Frage 14, Abschnitt vom 7. Tag).
Das **fünfte** Gebot handelt von den **Pflichten der Kinder** gegen die Eltern. Es verbietet jede Geringschätzung der Eltern und fordert, daß sie geehrt werden und man ihnen gehorcht: **Kol.3,20; Eph. 6,1-3; Spr.1,8.10;** 6,20; 20,20; 30,17; 3.Mose 20,9; 5.Mose 21,18-21; 27,16.
Das **sechste** Gebot verbietet, sich am **Menschenblut** zu versündigen; **1.Mose 9,6;** Matth.5,21-22; Röm.12,19-20; 1.Joh.3,15.
Das **siebente** Gebot verbietet die **Unkeuschheit** in Gedanken, Worten und Werken: **Matth. 5,8** u. 27 u. 28; 15,19; Eph.5,3-4.
Das **achte** Gebot verbietet das **Verbrechen am Eigentum** des Nächsten: Eph.4,28; **Hebr. 13,5a.**
Das **neunte** Gebot verbietet die **Lüge und Entehrung** des Nächsten: **Sach.8,16-17;** Eph.4,25; 1.Petr.2,1; Ps. 101,5. ▶

Das **zehnte Gebot** verbietet jede **Lust nach dem Hab und Gut** des Nächsten (Habgier): **1.Tim. 6,6-8;** Jak.1,14-15; **Hebr. 13,5.**

Frage: Können wir diese Gesetze halten? 28

Antwort: Nein, wir können es nicht. Der sündige Zustand ist so tief in uns gewurzelt, daß keine Erziehung und Ermahnung, keine Zucht und Strafe und auch nicht der aufrichtigste Wille und die größte Anstrengung die Sünde in uns ausrotten und ihre Macht brechen kann (vgl. Frage 21, Antwort 2 u. 3). **Ps.14,2-3;** 53,1-3; 55,19; **Pred.7,20;** Spr.20,6-9; Josua 24,19; Jer.13,23; Röm.7,14-24.

Frage: Wie nennt Gottes Wort die Übertretung der göttlichen Gebote? 29

Antwort: Die Übertretung der göttliche Gebote nennt die Bibel Sünde. Sünde ist also jeder Ungehorsam des Menschen gegen Gott in Gedanken, Worten und Taten: **Matth.7,16-21; 1.Joh.2,15-16; Röm.8,7-8; 1.Joh.3,4;** 5,17; Jak.4,4.17.

Frage: Welche Strafe folgt auf die Übertretung der göttlichen Gebote? 30

Antwort: Die Strafe für die Sünde ist der Tod und die ewige Verdammnis (vgl. Frage 21, Antwort 2 u. Frage 23). **Ps.5,4-6; Joh.3,36;** Röm.2,5-6 u.11-12; **6,23; 5,12.18;** Hes.18,4b.20.

31 Frage: Wer befreit uns vom Gesetz und von der Strafe des Gesetzes?

Antwort: Jesus Christus hat das Gesetz erfüllt. Durch seinen Opfertod hat er auch die Strafe für uns erduldet, die wir verdient haben. Indem wir nun an ihn glauben, daß er für uns alle Gerechtigkeit erfüllt hat und für unsere Sünden gestorben ist, werden wir vor Gott gerecht und kommen nicht ins Gericht (vgl. Abschnitt X von der Wiedergeburt u. Bekehrung): **Jes.53,4-6; Matth.11,28; Mark. 16,16; Joh.3,16-18; 6,47;** 1,12; 20,31; 1,29; **Röm.10,4;** 5,1.2 u.19; 3,21-28; **4,5; 8,3-4; Gal.3,13; Phil.3,9;** 2.Kor.5,21; **1.Petr.1,18-19; 1.Joh.5,13; Offb.1,5; 1.Joh.1,7; 2,2.**

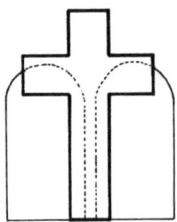

Frage: Ist damit das Gesetz für die Christen ganz aufgehoben? 32

Antwort: Ja, das geschriebene Gesetz als Weg der Rechtfertigung vor Gott (siehe Frage 24) ist für uns aufgehoben; aber der Heilige Geist treibt den Glaubenden doch innerlich und gibt die Kraft dazu, das Gesetz, so wie es die neutestamentlichen Schriften zeigen, freiwillig zu erfüllen: **Joh.7,17; 14,15** u. 23; 15,10; 1.Joh.5,3; 3.Mose 19,2.

33 Frage: Welches neue Gebot gibt uns Jesus?

Antwort: Jesus hat alle alten Gesetze zusammengefaßt in dem neuen **Gesetz der Liebe,** und zwar der Liebe zu Gott und der Liebe zu den Menschen. Lieben wir Gott, so glauben wir auch an ihn und an Jesus Christus, den er gesandt hat.
Joh.13,34-35; 15,17; 14,1; 17,3; 1.Joh.3,23; 4,21; Mark.12,29-33; Luk.10,27; Röm.13,10; Gal.5,6. 14; 1.Tim.1,5; Röm.12,10; **5.Mose 6,5-8; 10,12; 1.Sam.15,22b.**

34 Frage: Hat damit auch das Sabbatgebot seine Geltung für uns Christen verloren?

Antwort: Ja, denn der Sabbat, der 7. Tag der Woche, ist ein Feiertag für die Juden und hat für uns Christen keine gesetzliche Bedeutung mehr. Wir Christen feiern nach dem Beispiel der Apostel und der ersten Christen zum Andenken an die Auferstehung Jesu den 1. Tag der Woche:
Hes.20,12; **Ps.118,24;** Matth.28,1-5; Mark. 2,27-28; 16,1-6; **Apg.20,7;** Röm.14,5; Kol.2,16-17; **Apg.2,42 u. 46.**

VI.
Von den
Verheissungen

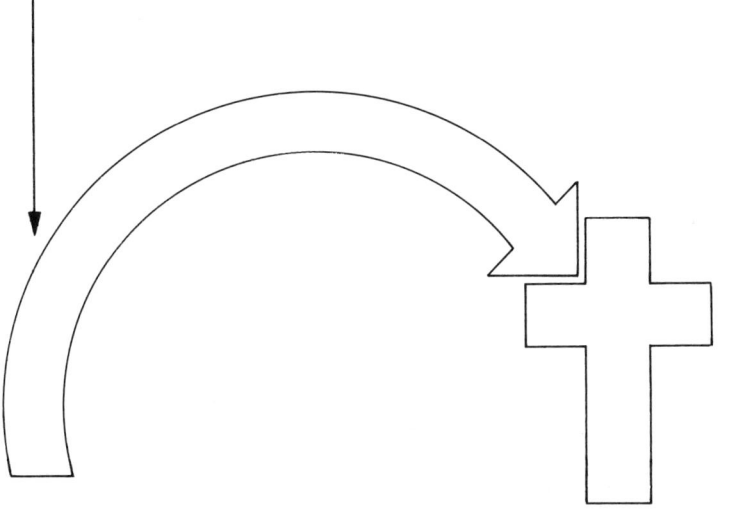

35 Frage: Welche Mittel gab Gott seinem Volke, um es auf Christus vorzubereiten?

Antwort: Gott gab seinem Volk

1. das Gesetz (vgl. Frage 25),
2. die Verheißungen:
    Joh.5,39; Luk.24,27; **2.Kor.1,20; Jes.7,14;11,1 u.2; 1.Mose 3,15; 49,10; Mal.3,1;** Ps.2,7; **Jes.9,6; 59,20; Sach.9,9;** Jes.50,6; 52,13-14; 53,2-12; **61,1-2;** Ps.16,10-11.

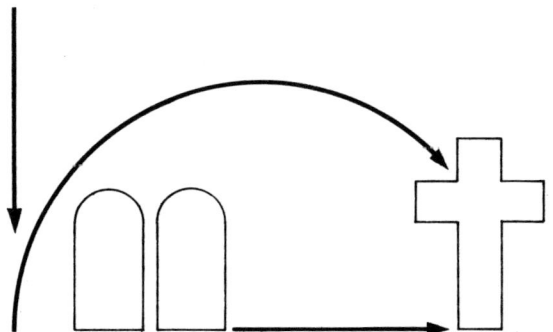

Frage: Welches sind die wichtigsten Verheißungen auf Christus?

36

Antwort: Die Bibel ist voll von Verheißungen auf Christus. Sie beziehen sich teils auf das erste Kommen des Herrn in Niedrigkeit, teils auf sein zweites Kommen in Herrlichkeit. Für sein erstes Kommen nennen wir folgende Verheißungen:

1.Mose 3,15. Hier ist der Kreis am allerweitesten. Er deutet nur an, daß Jesus aus dem **Menschengeschlecht** hervorgehen soll.

1.Mose 22,18. Der Kreis ist schon nicht mehr so weit. Aus **Abrahams Samen** soll der Menschensohn kommen.

1.Mose 49,10. Noch enger wird der Ring. Aus dem **Stamme Juda** soll der Messias hervorgehen.

2.Sam.7,12-14; Jes.11,1-2. Das **Haus Davids** wird hier als das Stammhaus Jesu genannt.

Jes.9,6-7. Der Name und die Aufgaben des Messias werden geweissagt.

Micha 5,1. Die Geburtsstadt wird uns jetzt genannt.

Jes.7,14. Das Wunder der Geburt wird deutlich angesagt.

Jes.53,3-7 u. 11-12. Jesu Leiden und Sterben und sein ewiger Triumph werden vorhergesagt.

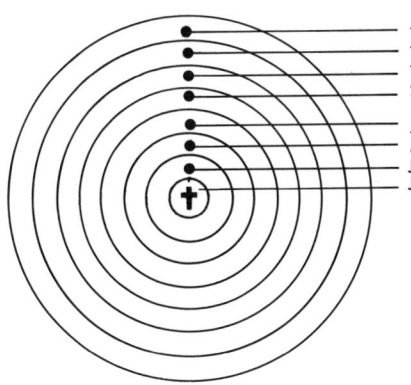

1. Mose 3,15 aus dem Menschengeschlecht
1. Mose 22,18 aus Abrahams Same
1. Mose 49,10 aus dem Stamm Juda
2. Sam. 7,12-14 aus dem Haus Davids
   (= Sohn Davids und Sohn Gottes)
Jes. 9,6-7 Name und Aufgabe
Micha 5,1 Ort
Jes. 7, 14 Das Wunder der Geburt
Jes. 53 Jesu Leiden und Sterben und sein ewiger Triumph

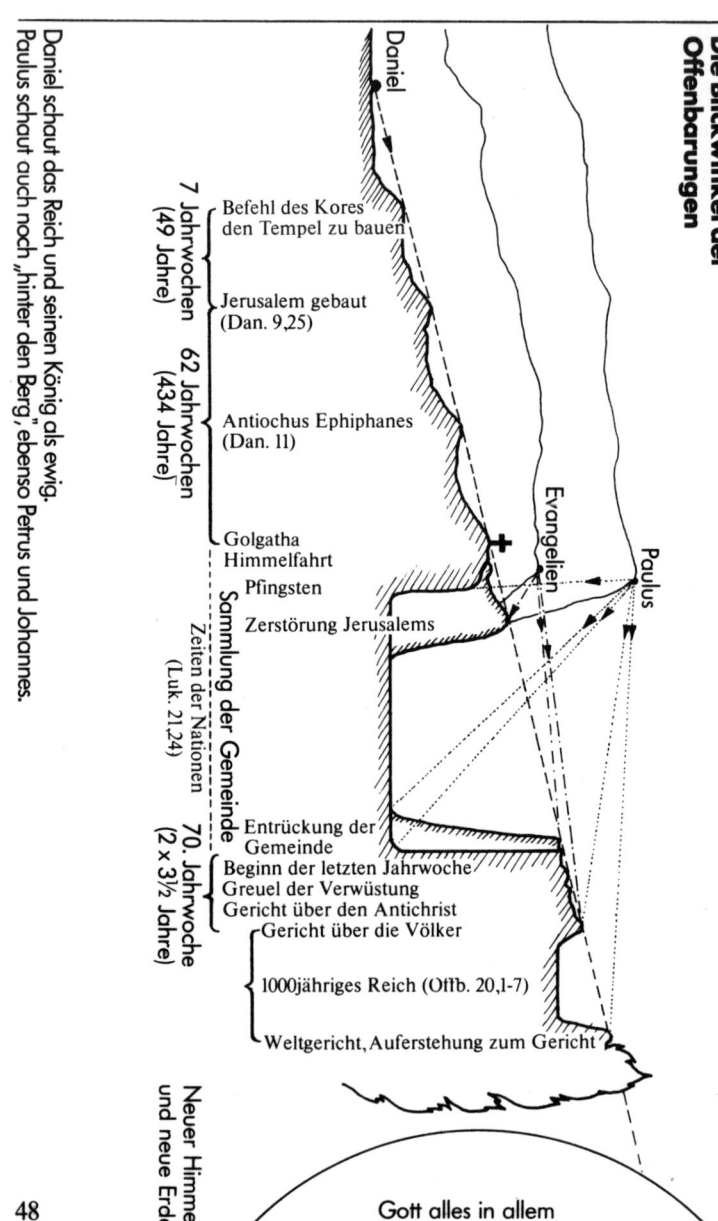

Daniel

Befehl des Kores
den Tempel zu bauen

7 Jahrwochen
(49 Jahre)

Jerusalem gebaut
(Dan. 9,25)

62 Jahrwochen
(434 Jahre)

Antiochus Ephiphanes
(Dan. 11)

Golgatha
Himmelfahrt

Pfingsten

Zerstörung Jerusalems

Evangelien

Paulus

Sammlung der Gemeinde
Zeiten der Nationen
(Luk. 21,24)

Entrückung der
Gemeinde

Beginn der letzten Jahrwoche
Greuel der Verwüstung
Gericht über den Antichrist
Gericht über die Völker

70. Jahrwoche
(2 x 3½ Jahre)

1000jähriges Reich (Offb. 20,1-7)

Weltgericht, Auferstehung zum Gericht

Neuer Himmel
und neue Erde

Gott alles in allem

Daniel schaut das Reich und seinen König als ewig.
Paulus schaut auch noch „hinter den Berg", ebenso Petrus und Johannes.

Frage: Was sagt uns die Schrift über den Dienst des Erlösers? **37**

Antwort: Das Alte Testament sagt uns, daß der Erlöser sowohl **Knecht** als auch **König, Priester** und auch **Prophet** sein soll. Seine wichtigste Aufgabe ist es, **der Heiland aller Welt** zu werden.

1. **Knecht: Jes.42,1** vgl. Matth.12,18; Jes.49,5-7; 52,13; Jes.53,11; Hes.34,23-24; **Mark.10,45.**
2. **König:** Ps.24,7-10; 99,1; 89,20 u.27; Jes.32,1; 33,17; **Jer.23,5-6;** Micha 4,7; **Sach.9,9; 14,9;** Jer.30,9; 2.Mose 15,18; **Joh.18,33 u.37.**
3. **Priester:** Ps.110,4 vgl. Hebr.5,1-6 u.10; 7,17 u.21 u.26; Hebr.2,17; 3,1; 4,14-15; 6,20; 9,11; 10,19-23.
4. **Prophet: 5.Mose18,15** u.18 vgl. **Luk.1,76;** 7,16; Apg.3,22; Joh.4,19; Joh.1,45; 6,14.
5. **Heiland und Erlöser** (Erretter und Seligmacher); Sach.9,9; Jes.19,20; **43,11; 61,1;** 63,8; Zeph.3,17; **Hiob19,25;** Ps.19,14; **Jes.41,14; 54,7-8; Luk.2,11 u.30;** 3,6; **Joh.4,42;** 1.Joh. 4,14; Matth.1,21; Titus3,5; **Matth.11,28-30;** 2.Tim.1,9; 1.Tim.2,3; Luk.4,18-19.

38 Frage: Welches sind die wichtigsten Vorläufer, die auf Christus hinweisen?

Antwort: Viele Vorbilder weisen auf Jesus hin. Die wichtigsten sind folgende:

1. **Adam:** Als Anfänger des Menschengeschlechts ist er ein Gegenbild Christi, des letzten Adams, der der Anfänger eines neuen Menschengeschlechts ist. Wie durch den ersten Adam Sünde, Tod und Verdammnis über die Menschen gekommen sind, so kommen durch den Erlöser, den letzten Adam, Gerechtigkeit, Leben und ewige Seligkeit für die Glaubenden. Röm.5,12-19; 1.Kor.15,22.45-49.

2. **Noah:** Noah ist der Stammvater einer neuen Menschheit, gleichwie Christus. Noah fertigte eine Arche an und barg in ihr die Menschen, die sich vor dem Gericht Gottes retten ließen. In Christus sind die an ihn Glaubenden vor dem Gericht geborgen.
   1.Mose 6,8-22; 7,1; 8,1ff; Hebr.11,7; 2.Petr.2,5; 1.Petr.3,20.

3. **Abraham:** Abraham ist der Stammvater aller Gläubigen. Mit ihm richtete Gott zuerst den Grundsatz des Glaubens auf. So ist er ein Hinweis auf Christus, der den Weg zur neuen Glaubenslinie wies. 1.Mose 15,6; Röm.4,3-5 u.18-22; 9,7; Gal.3,6-9; Jak.2,23; Hebr. 11,8-10 u.13-19; 2,16.

4. **Melchisedek:** Er vereinigte wie Christus Königtum und Priestertum in einer Person. 1.Mose 14, 18ff; Ps.110,4; Hebr.7,1-3ff; Hebr.7,17 u.21; 5,10; 6,20 (vgl. Frage 37 Absatz 3).

5. **Joseph:** Joseph gelangte wie Christus durch Niedrigkeit und Leiden zur Hoheit und Herrlichkeit. Joseph wurde wie Christus von seinen Brüdern gehaßt und verfolgt. Zuletzt zog er sie jedoch zu sich, errettete und begnadigte sie.
   Joseph wurde wie Christus nicht nur Heilbringer seiner Brüder, sondern auch für die Völker. 1.Mose 37-46 vgl. mit **Phil.2,5-11.**

6. **Mose:** Mose war der Erlöser des Volkes Israel und der Mittler des alten Bundes.
Jesus ist der Erlöser derer, die ihm gehorchen und der Begründer des neuen, ewigen Bundes.
5.Mose 18,15; Hebr.3,3-6; Luk.24,19 u. 27.

7. **Josua:** Josua ist das Vorbild seines gleichnamigen Urbildes (Josua – Jesus), der uns in das gelobte Land der ewigen Ruhe einführt.
Hebr.4,8-10.

8. **David:** David ist das Vorbild des siegreichen Königtums Christi nach Kampf und Schmach.
2.Sam.15,12-13; 2.Sam.17,23 vgl. Matth. 26,56; 27,5.
2.Sam.15,19-21 vgl. Matth.27,54.
2.Sam.16,5 u.10 vgl.Matth. 26,67-68;27,39-41.

9. **Salomo:** Salomo ist ein Vorbild des ewigen Friedensfürsten, der den ewigen Tempel des Geistes und der Gemeinde erbaut. **2.Sam.7,12-13;** Joh.2,19-22; 4,23; Matth.12,42.

10. **Jona:** Jona ist ein Vorbild für die Auferstehung Jesu und der darauffolgenden Predigt unter den Heiden. Matth.12,40-41.

11. **Johannes der Täufer** wird als der Herold und Wegbereiter Christi in der Schrift genannt. Er ebnete die Bahn für den kommenden König und bereitete die Herzen zu für seine Botschaft.
Er war die Stimme, Christus das Wort.
Er war der Schein, Christus das Licht.
Er war der Freund des Bräutigams, Christus der Bräutigam selbst, darum erlitt er auch wie Christus den Märtyrertod. Jes.40,3; Mal.3,1; Matth.3,1-12; 11,1-19; Matth.14,1-12; 4,12-17; Mark.1,1-8 u.14-15; Luk.3,1-20; 7,18-35; 16,16; Luk.9,7-9; **Joh.1,**6-8, 15-**29 u. 36; Joh.3,**23.**30.**

12. **Alle Propheten** sind in ihrem Leid, das sie erlitten, als sie ihr Volk zu Gott weisen wollten, ein Vorbild auf Christus, den wahren Propheten und Hirten seines Volkes. **4.Mose 14,10;** 2.Chron.36,16; Jer.20 u. 37 u. 38; Matth.5,11 u.12; 21,34-39; 23,31; ▶

▶ Luk.20,9-15; Joh.10,31; 11,8; Jak.5,10;
Hebr.11,36-40; Apg. 7,52-58.

Vor allem sind die Propheten auch als Beter für
ihr Volk ein Vorbild auf Christus, den wahren
Hohenprieser seines Volkes (vgl. Frage 40,
Antwort 4).

2.Mose 32,30-34; 4.Mose 11,2; 12,13;
Jer.14,7   u. 20-22;   32,17-25;   Dan.9,20;
Neh.1,5-11;   Esra   9,6-15;   Klagelieder   Jer.;
Johannes 17.

39 Frage: Gibt es auch vorbildliche Begebenheiten im Alten Testament, die auf Christus hinweisen?

Antwort: Ja, wir nennen folgende:

1. **Die Opferung Isaaks:**
   1.Mose 22,7 vgl. Joh. 1,36; Hebr. 11,17-19.
2. **Die Erhöhung der Schlange in der Wüste:**
   4.Mose 21,8-9; Joh.3,14-16; 1.Kor.10,9.
3. **Das Essen des Passahlammes:**
   2.Mose 12 vgl. 1. Kor.5,7; **1.Petr.1,19; Hebr.9,14.**
4. **Das Herabfallen des Mannas:**
   2.Mose 16,15ff. vergl. Joh.6,31-51.

1   2   3   4

Frage: Welches sind die vorbildlichen Einrichtungen im Alten Testament, die auf Christus hinweisen?

Antwort: **Es sind wohl folgende vier:**

1. **Das Opferwesen:** Alle Opfer sind Hinweise auf das Opfer Christi auf Golgatha.

   Nicht nur im jüdischen Volke wurden Opfer gebracht; auch im Heidentum finden wir die Opferkulte stark verbreitet. Doch wir Christen opfern nicht, weil Christus ein für allemal ein endgültiges, vollwertiges Opfer durch seinen Kreuzestod auf Golgatha gebracht hat (vgl. Frage 31, Frage 50). Hebr.7,27; **9,9-14; 10, 11-14.**

2. **Der große Versöhnungstag.** Die beiden Böcke erinnern uns daran, daß Jesus unsere Sünden getragen hat und auch für unsere Sünden gestorben ist. 3.Mose 23,27-32; 16,22; Hebr.9,7; 1.Petr.2,24.

3. **Die Stiftshütte und alle Einrichtungen in ihr** sind Hinweise auf Christus und sein Heilswerk an uns Menschen (Bundeslade, Altar, der Vorhang usw.). (vgl. Zeichnung S. 54) 2.Mose 25,9-22; 33,7; Jos.18,1; **Hebr.4,16.**

4. **Das hohepriesterliche Amt** weist auf Jesus, den vollkommenen Hohenpriester hin.

   Die Hohenpriester im alten Bunde mußten zunächst für sich selbst opfern. Jesus war rein von aller Sünde und bedurfte dieses Opfers nicht. Der Hohepriester ging im alten Bunde einmal im Jahr ins Allerheiligste, um das Volk mit Gott zu versöhnen.

   Jesus hat uns ein für allemal mit Gott versöhnt. Hebr.4,14-16; 5,1-10; 7,14-28; 8,6-10; 10,19-23 (vgl. auch Frage 37, Antwort 3); Eph.2,16.

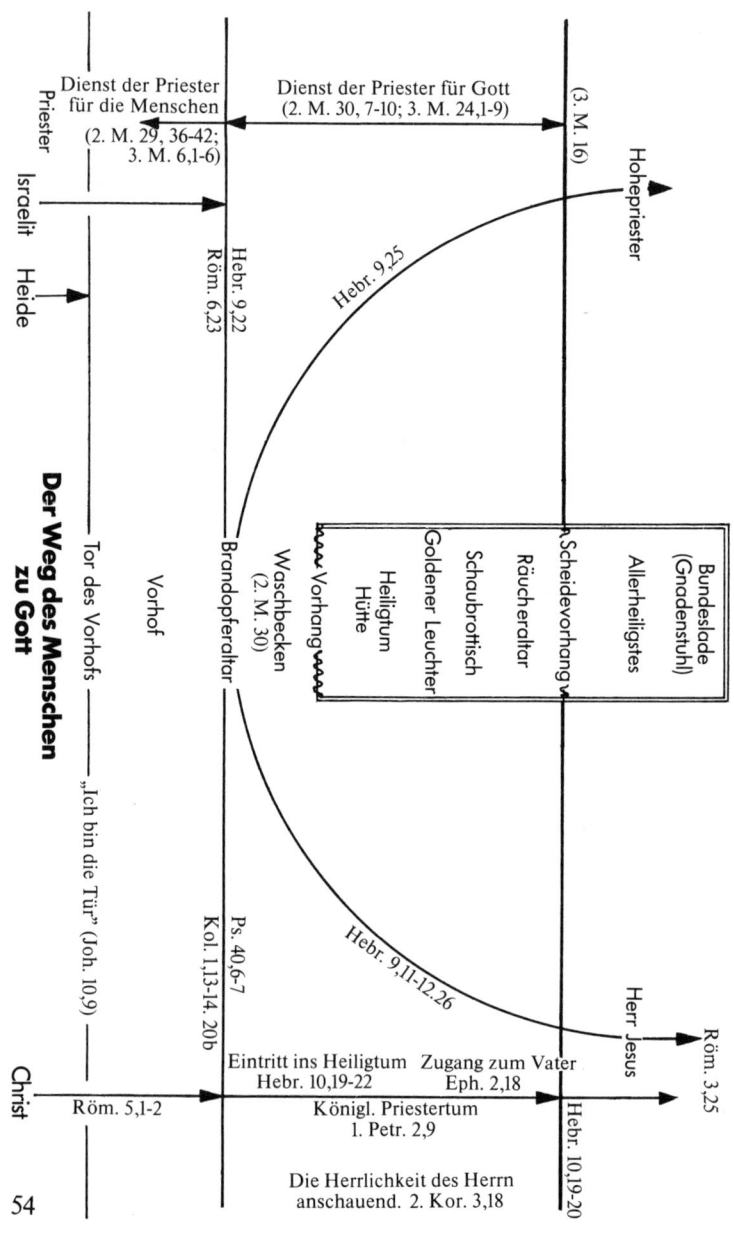

Der Weg des Menschen zu Gott

Priester — Dienst der Priester für die Menschen (2. M. 29, 36-42; 3. M. 6,1-6)

Dienst der Priester für Gott (2. M. 30, 7-10; 3. M. 24,1-9)

(3. M. 16)

Hoherpriester

Israelit

Heide

Hebr. 9,22
Röm. 6,23

Hebr. 9,25

Tor des Vorhofs

Vorhof

Brandopferaltar

Waschbecken (2. M. 30)

Vorhang

Heiligtum Hütte

Goldener Leuchter

Schaubrottisch

Räucheraltar

Scheidevorhang

Allerheiligstes

Bundeslade (Gnadenstuhl)

„Ich bin die Tür" (Joh. 10,9)

Ps. 40,6-7
Kol. 1,13-14. 20b

Hebr. 9,11-12.26

Herr Jesus

Röm. 3,25

Christ

Röm. 5,1-2

Eintritt ins Heiligtum
Hebr. 10,19-22

Zugang zum Vater
Eph. 2,18

Königl. Priestertum
1. Petr. 2,9

Hebr. 10,19-20

Die Herrlichkeit des Herrn anschauend. 2. Kor. 3,18

VII.
Jesus Christus

41 Frage: Was lehrt die Schrift über die Person Jesu Christi?

Antwort: Die Bibel lehrt:

1. Jesus Christus ist wahrhaftiger Gott (d. h. Gott von Art). Die Heilige Schrift spricht von seiner Existenz auch vor seiner leiblichen Geburt (Joh.8,58). Er hatte göttliche Herrlichkeit, ehe die Welt geschaffen war. Joh.17,5 u.24; Phil. 2,6.

   Durch ihn, das schöpferische Wort, wurden alle Dinge geschaffen (Joh.1,1-3; Kol.1,16; 2,9).

2. Er ist der Sohn Gottes (Joh.1,18). Er ist als Sohn eine Person der Dreieinheit Gottes (vgl. Zeichnung unter Frage 55).

   Er ist der Eingeborene beim Vater, verbunden mit ihm durch die Liebe. Kol.1,15; Joh.17,23; **Matth.26,63 u.64a; Joh.10,30; Kol.1,3 u.4; 2,9; 1.Joh.5,20.**

3. Er ist der Abglanz der Herrlichkeit Gottes und der Abdruck seines Wesens. Joh.12,45; 14,9; Hebr.1,3; Kol.2,9.

4. Er ist der Erstgeborene aller Schöpfung. Kol.1,15.

5. Er ist der Erstgeborene **aus** den Toten. Kol.1,18.

6. Er ist der Erstgeborene der Toten. Offb.1,5.

7. Er ist der Erstling der Entschlafenen. 1.Kor.15,20.

8. Er ist das Haupt der Gemeinde. Eph.1,20.

9. Er wurde wahrer Mensch, geboren von der Jungfrau Maria, gezeugt vom Heiligen Geist. Er erniedrigte sich und nahm Knechtsgestalt an, um in dieser Daseinsform Gott durch Gehorsam zu verherrlichen und die suchende Liebe Gottes zu verlorenen Menschen unter Beweis zu stellen.

Diese Menschwerdung ist und bleibt ein Geheimnis, das sich dem Zugriff menschlichen Denkens entzieht.

Matth.1,18 u.20; 3,17; 4,2; Mark.4,38; Luk.1,35; Joh.1,14; 14,30; 2.Kor.5,16; **1.Tim.2,5-6; 3,16; Phil.2,6f;** 1.Petr.2,22; Gal.4,4.

Frage: Welche Namen oder Titel hat der Erlöser? 42

Antwort: Dem Sohn Gottes sind besondere Namen und Titel gegeben:

1. **Jesus**
   Sein **irdisch-menschlicher Name ist Jesus.** (Eine griech.-lat. Form des hebr. Jeschua, einer späteren Bildung aus Jehoschua.) Er bedeutet: der Herr ist Heil oder Rettung. Gott gibt seinem Sohn diesen Namen, um damit auszusagen, daß er in diesem Namen Verlorene retten und Sünder selig machen will.
   Matth.1,21 u.23; Luk.1,31; 2,21; 4,18; 1.Tim. 1,15.

2. **Christus**
   Sein **himmlisch-göttlicher Name und Titel (der** Christus) lautet: **Christus,** d. h. Gesalbter (oder Messias), weil er von seinem Vater mit dem Heiligen Geist zu einem ewigen Priester und König gesalbt ist (vgl. Frage 37 u. 40).
   Joh.1,41; 4,25; Matth.16,16; **Apg.2,36;** 10,38; Ps.2,2; 1.Sam.2,10; Dan.9,25.

3. **Sohn des Menschen** (Titel)
   ist als Selbstbezeichnung Jesu zunächst Hinweis auf sein Verhältnis zum menschlichen Geschlecht. Gleichzeitig drückt dieser Titel aber auch seine künftige Würde aus.
   Matth.8,20; 9,6; 12,40; 16,13; Joh.1,51; **Luk. 19,10;** Matth.19,28; 24,30; Apg.7,56; Offb. 1,13; 14,14; Dan.7,13. ►

► 4. **Sohn Davids** (Titel)

Dieser Titel drückt sein Verhältnis zu Israel von seiner Abstammung her aus. Gleichzeitig wird damit seine Königswürde angesprochen. Matth.1,1; 9,27; 21,9; Mark.12,35; Jes.11,1-2.

5. **Immanuel**

heißt: »Gott mit uns«
Jes.7,14; 8,8; Matth.1,23.

6. Sein Name: **Wunderbarer, Berater, starker Gott, Vater der Ewigkeit, Friedefürst.**
Jes.9,6.

7. **Er ist der HERR** (kyrios)
Phil.2,11; Röm.10,9; 1.Kor.8,6; 2.Kor.4,5.

43 Frage: Wozu ist Jesus in die Welt gekommen?

Antwort: Er verließ die Herrlichkeit, die er beim Vater hatte und kam als Mensch auf die Erde, um

1. Gott zu verherrlichen;
2. Gott die Ehre zu geben, dort, wo der Mensch ihn verunehrt hatte;
3. die Menschen mit Gott zu versöhnen;
4. das Reich Gottes auf Erden aufzurichten (von den Juden wurde dieses Reich durch die Verwerfung ihres Messias/Königs abgelehnt).

Gal.4,4-5; Jes.53,5-6; Hes.34,16; Röm.3,25f; 2.Kor.5,21; 1.Tim.2,5-6; Apg.10,43; Joh.3,16; 1.Joh.2,2; Eph.1,10-11.

Antwort: Er wurde zu **Bethlehem** im jüdischen Land geboren zur Zeit, als **Augustus Kaiser in Rom** war (44 v.Chr. bis 14 n.Chr.) und **Herodes König in Jerusalem,** (40 v.Chr. durch die Römer als König der Juden eingesetzt. Er starb 4 v.Chr.) und **Quirinius (Kyrenius) röm. Statthalter in Syrien** (von 12 v.Chr. bis 16 n.Chr.) war.

Bethlehem war ein Dorf mit besonderer Bedeutung. Wie aus der Geschichte des Königs David bekannt war, sollte hier der Messias, der Christus, geboren werden (vgl. Frage 37,2).

Micha 5,1; Matth.2,1; Luk. 2,1-7.

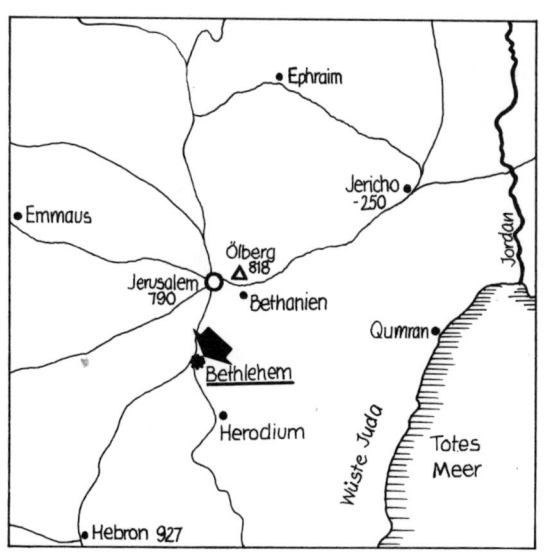

45 Frage: Was wissen wir aus der Jugendzeit Jesu?

Antwort: Vom **Kindlein Jesus** berichtet uns die Geschichte seiner »Darstellung« im Tempel; von der Flucht der ganzen Familie nach Ägypten liegt ebenfalls ein Bericht vor, der uns auch sagt, weshalb ihre Rückkehr nicht mehr nach Bethlehem, sonder nach Nazareth in Galiläa erfolgte (Matth. 2; Luk.2). Bis zu seinem 30. Lebensjahr ist uns im übrigen nur ein besonderes Ereignis bekannt (Luk.2,41-52). Während dieser Zeit lebte er ohne besonderes Aufsehen in seinem Elternhaus. Seine Mutter war Maria; der Zimmermann Josef wurde sein Vater. Zumindest sechs seiner Geschwister werden genannt:

Jakob – später einer der Ältesten der Gemeinde in Jerusalem, und Verfasser des Jakobusbriefes.

Joses – oder Joseph

Judas – Schreiber des Judasbriefes.

Simon und

seine Schwestern.

Er war seinen Eltern untertan und gehorsam. Er lernte das Handwerk seines Vaters; denn später wird er »der Zimmermann« genannt. Nie hat er in seinem Leben auch nur eine Sünde begangen. »Sünde ist nicht in ihm« 1.Joh.3,5.

Matth.13,55; Mark.6,3; Luk.2,40-52; 3,23; Joh. 2,11a; Joh.8,46a; 1.Petr.2,22; Jes.53,9; **2.Kor. 5,21a; Hebr.4,15.**

Frage: Warum ließ Jesus sich taufen?

46

Antwort: Er ließ sich von Johannes dem Täufer im Jordan taufen, um sich in seiner Selbsterniedrigung und Barmherzigkeit denen gleichzustellen, die sich in Buße vor Gott beugten und seine gerechten Forderungen anerkannten. Der Herr Jesus hatte diese Taufe nicht nötig, denn er war ohne Sünde. Diese Taufe durch Johannes führte zur Vergebung der Sünden hin. Der Herr Jesus ließ sich taufen, um alle Gerechtigkeit zu erfüllen. –

Die Taufe, die der Herr Jesus später selbst einsetzte, hat einen ganz anderen Sinn. Sie soll nur an Personen vollzogen werden, die eine wahre Sinnesänderung bereits erfahren haben. (Vgl. Abschnitt XII Von der Taufe.)

Die Taufe durch Johannes den Täufer, ist der Beginn des eigentlichen Dienstes des Herrn. Gott gibt dabei Zeugnis, daß »dieser sein geliebter Sohn ist«. Dadurch wurde er seinem Volk Israel offenbar. Matth.3,13-(**15**)-17; Mark.1,8-11; Luk.3,21-22; Joh.1,31-36; **Phil.2,7** (Jesu Sündlosigkeit, siehe Bibelstellen Frage 45).

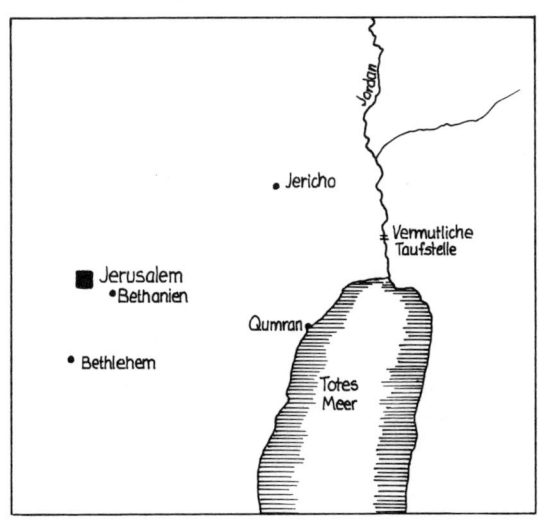

47 Frage: Wie lange hat Jesus seinen Dienst ausgeübt?

Antwort: Jesus war ungefähr 3 Jahre öffentlich tätig, denn wir wissen von 3 Passahfesten, die er während seiner Wirksamkeit miterlebt hat.
Joh.2,13, 6,4; 11,55; 13,1; Matth.20,18; Mark. 10,33; Luk.9,51 u. 53.

48 Frage: Was wissen wir von Jesu Tätigkeit in diesen 3 Jahren?

Antwort: In diesen 3 Jahren lehrte er das Volk, berief 12 Apostel, bestätigte seine Göttlichkeit durch Wunder und große Zeichen vor den Menschen. Zuerst predigte der Herr offen und klar zum ganzen Volk, später (als die Ablehnung größer wurde) redete er mehr zu seinen Jüngern. Zum Volk sprach er dann nur in Gleichnissen und Bildern. – Von seinem Wirken auf der Erde berichten uns die 4 Evangelisten Matthäus, Markus, Lukas und Johannes.
Joh.21,25; Apg.10,38; Phil.2,5-11; Matth.13,10-18 u. 34; Mark.4,33-34; Luk.8,10; 20,19; Joh.20,30.

Anmerkung:

Das vierfache Christusbild in den Evangelien:

1. *Das **Matthäus**-Evangelium ist zuerst für juden-christliche Leser geschrieben. Es zeigt uns den Herrn Jesus als den **verheißenen Messias und König der Juden**. Jesu Majestät wird uns hier besonders offenbar. Das hier aufgeführte Geschlechtsregister führt über David auf Abraham zurück. Die Erfüllung des Wortes von der „Herrschaft des Friedefürsten" wird gekennzeichnet (Jes. 9,6 vgl. Sach. 9,9; Jer. 23,5; Jes. 32,1). Darum finden wir im Matthäus-Evangelium die Gleichnisse vom Reich der Himmel (Kap 13 u. 22,1-14) und sehr oft das Wort »auf*

daß erfüllt würde«: Matth. 1,22; 2,15 u. 17 u. 23; 3,3; 4,4 u. 7 u. a. m. Überhaupt hat Matthäus die meisten Zitate und Vergleiche aus dem Alten Testament (vgl. Jesu Bergpredigt. Matth. 5-7).

In dem Evangelium des Matthäus (Levi), Matth. 9,9-15, finden wir die meisten geordneten Gegenüberstellungen: 9 Seligpreisungen (Matth. 5,1-12), 7 Weherufe (Matth. 23), 3mal 14 Glieder im Stammbaum Jesu (Matth. 1,17 vgl. Luk. 3,23-38).

Besonders charakteristische Stellen sind: Matth. 2,2; 4,17; 27,37.

2. *Das **Markus**-Evangelium ist zuerst für römische Leser geschrieben. Es zeigt uns den Herrn Jesus als den **Knecht**, der gesandt wurde, um ein besonderes Werk Gottes zu. vollbringen. Daher, d. h. wegen seines Knechtseins, fehlt auch ein Geschlechtsregister. Doch ist dieser „Knecht" der Sohn Gottes (Mark. 1,1).*

*Seine **Macht** über die Krankheiten, bösen Geister, die Naturkräfte und über den Tod wird bei Markus besonders hervorgehoben. Das Markus-Evangelium hat die ausführlichsten und meisten Wunderberichte. Die Taten des Herrn Jesus treten hier in den Vordergrund. Die „starke Schulter" des „Knechtes Gottes" (Jes. 9,6-7 vgl. Jes. 42,1; Sach. 3,8) wird uns hier gezeigt. Bei Markus ist das Wort „alsbald" sehr typisch (Mark.1,12.18.29.30 u.42;2,2 u.a.m.).*

Es ist das kürzeste Evangelium. Die Kirchengeschichte macht deutlich, daß Markus niedergeschrieben hat, was er bei den vielen Lehrvorträgen des Simon Petrus, des Apostels der Tat und der schnellen Entschlüsse, gehört hat, so daß sich das Markusevangelium auf die Aussagen des Apostels Petrus stützt. (Petri Fehler werden hervorgehoben – vgl. Petri Verrat – seine guten Eigenschaften treten zurück – vgl. Petri Bekenntnis über Christi Gottessohnschaft). Besonders charakteristische Stelle ist **Mark. 10.45.**

▶

63

▶ 3. *Der Empfänger des **Lukas**-Evangeliums, des längsten Evangeliums, ist der **Grieche** Theophilus (vgl. Apg. 1,1). Der Schreiber, Lukas, der geliebte Arzt (Kol. 4,4), und Mitarbeiter des Apostels Paulus (Philemon 24), schildert uns den Herrn Jesus als den reinen und vollkommenen **Menschensohn**. Daher führt auch das angegebene Geschlechtsregister über David und Abraham auf Gott, den Schöpfer, zurück.*
Die Gnade und die Barmherzigkeit des Herrn Jesus treten hier in den Vordergrund. Lukas, der Arzt, (Kol. 4,14) bringt uns besonders das tiefe Mitgefühl des Herrn für das Leid, schildert uns am anschaulichsten die Krankheiten und den Verlauf der Heilung. Auch erfahren wir von ihm am meisten aus seinem Erdenleben (Geburt, Kindheit, Entwicklung, Gebetsleben). Deutlich erfüllt sich hier das Wort: „Uns ist ein Kind geboren, sein Name ist »Wunder-Rat«" (Jes. 9,6, vgl. Sach. 6,12). Die Weltweite der Siegesbotschaft vom Kreuz wird hier deutlich betont. Charakteristische Stellen sind: Luk. 4,18-19; 19,10.

4. *Das **Johannes**-Evangelium zeigt uns den Herrn Jesus als den **Sohn Gottes**, den **Ewigen vom Vater**. Er heißt: „Ewig-Vater", ein „Sohn ist uns gegeben" (Jes. 9,6-7 vgl. 4,2; 40,9-10). **Seine himmliche Herkunft und Verbindung mit dem Vater** werden besonders gekennzeichnet. Taten und Wunderberichte treten hier zurück. Johannes wählt jedoch 8 besondere Wunder als „Zeichen" aus. In Zwiegesprächen werden uns Begriffe, wie Glaube, Geist, Licht, Leben, Wahrheit u. a. erklärt. Typische Stellen: Joh. 20,28 u. 31; 3,16; 4,24; 17,3 u. 17; 18,37-38; 1,5 u. 9 u. 14; 8,12. vgl. auch Joh.-Briefe.*
Nur Johannes berichtet die großen „Ich bin"-Aussagen Christi (6,35; 8,12; 10,7 u. 11, 11,25; 14,6.) Ebenso berichtet am ausführlichsten Johannes über die Auseinandersetzungen zwischen dem Herrn Jesus und seinen Feinden (Kap. 7-12).

Frage: Hat Jesus gewußt, daß er am **49** Kreuze sterben und am 3. Tage wieder auferstehen würde?

Antwort: Ja, denn mindestens dreimal hat er seine Jünger damit vertraut gemacht und mehrere Male hat er auch in Bildern seinen Tod und seine Auferstehung veranschaulicht.

Matth.16,21-28; **26,28;** 17,22-23; **20,**17-19 u. **28;** Mark.8,31-38; 9,1 u. 30-32; 10,32-34; Luk.9,22-27 u. 43-45; 18,31-33; Joh.2,18-21; 3,15-16; 12,32-33; 10,14-15 u.17-18; 1.Tim.2,6.

Frage: Hat Jesus in seinem Erden- **50** leben gelitten? Welche Leiden waren für ihn die schwersten?

Antwort: Das gesamte Leben des Herrn Jesus steht im Zeichen des Leidens. Er, der keine Sünde kannte und tat, lebte in einer Welt der Sünde, des Todes und des Abfalls von Gott. Er trug die Leiden des Mitfühlens. Das Gewaltigste aber war sein Sühnleiden auf Golgatha. Tiefste Gottverlassenheit kam über ihn, weil er zur Sünde gemacht wurde.

Matth.8,20; **23,37;** 26,39; **27,**25 u. **46;** Mark.14,34-37; Luk.12,50; 9,58; 22,37-38; Joh.6,66 u. 70-71; 18,40-19,5; Matth.26,50 u. 56 u. 70-74; **2.Kor.8,9; Phil.2,6-8; 2.Kor.5,21; Gal.3,13;** Röm.8,3; **Hebr.2,17;** 5,8; **1.Petr.2,21-24.**

51 Frage: Warum und wozu hat Jesus gelitten und ist gestorben?

Antwort: Der Herr hat gelitten und ist gestorben
(vgl. Frage 31), um
1. Gottes gerechte Forderungen zu erfüllen
2. unsere Sünden zu tilgen
3. die Macht Satans zu brechen.
Jes.53,2-7; Joh.1,29; 1.Petr.2,24-25; Röm.5,8 u.
18-21; 4,25; **2.Kor.5,19-21; 1.Joh.1,7; 2,2;**
Joh.3,16; Eph.2,14-16; Röm.8,34; Hebr.2,14-18;
Gal.3,13; 1,4; **2,20;**1.Kor.15,3;Tit.2,14;1.Tim.2,6.

52 Frage: Welche Bedeutung hat die Auferstehung Jesu?

Antwort:
1. Jesus hat damit bewiesen, daß er nicht besiegt
   wurde, sondern daß er der Sieger über den
   Tod und den Teufel ist.
2. Die Seinen haben nun nicht einen toten,
   sondern einen lebendigen Heiland, der in den
   Himmel aufgenommen wurde.
3. Nur der auferstandene Herr konnte den Jüngern den Mut und die Kraft geben, das
   Evangelium der Welt zu verkündigen.
4. Jesu Auferstehung ist die Grundlage unserer
   Auferstehung.
5. Der auferstandene Herr befähigt die Gläubigen zu einem Gott wohlgefälligen Leben.

2.Tim1,10; Joh.11,25-26; Jes.53,11-12; 25,8;
Phil.2,9-11; 1.Kor.15,12-(14)-23; Röm.8,11;
4,25; 6,4-18; **1.Kor.6,14;** 1.Petr.1,3-7; Matth.28,8;
Mark.16,10-13; **Luk.24,**5-11 u. 34 u. **46-48;**
Joh.20,20 u. 31; Apg.2,32-36; 5,31; **1.Kor.15,55-**
57; Hebr. 2,14; **2. Kor. 4,14;** Hosea 13,14; 1. Kor.
1,30.

Frage: Welche Bedeutung hat die Himmelfahrt des Herrn Jesus und was ist jetzt seine Tätigkeit dort? **53**

Vorbemerkung: **Die geschichtliche Tatsache der Himmelfahrt** ist:

1. von dem Herrn selbst vorausgesagt: Joh.3,13; 6,62; 14,2.
2. von den Augenzeugen berichtet: Mark.16,19; Luk.24,50-51; Apg.1,9-11.
3. Das Im-Himmel-Sein wird bezeugt durch:
   Petrus: 1.Petr.3,22;
   Paulus: Apg.9,3; 1.Tim.3,16;
   Stephanus: Apg.7,56;
   Johannes: Offb.1,13.

Antwort:

Die geistliche Bedeutung der Himmelfahrt ist die **Krönung seines Erlösungswerks:**

1. Gott hat ihn hoch erhoben: Apg.2,34-36; Ps.16,11; Apg.5,30.31; Phil.2,8-9; Eph.1,21-22; Hebr.2,9.
2. Er hat sich gesetzt zur Rechten Gottes: Mark.16,19; Hebr.1,3; Joh.14,2; 16,7 (»Ich gehe hin...«)

Seine gegenwärtige Tätigkeit im Himmel ist:

1. das Bereiten der Wohnung: Joh.14,2;
2. sein Wirken als Hoherpriester: Hebr.4,14; 6,19.20; 7,25.26; 9,12.24;
3. sein Wirken als Sachwalter oder Fürsprecher beim Vater: 1.Joh.2,1; Röm.8,34.

(Als ergänzende Anmerkung noch folgender Hinweis:

Der Herr Jesus kommt wieder:

1. zur Seligkeit der Gläubigen: Joh.14,3; Apg.1,10-11; Phil.3,20-21; 1.Thess.4,15-17;
2. zum Gericht der Ungläubigen: Matth.25,31-46; Mark.16,15; Joel 3,12; Judas 14-15.

Vgl. in diesem Zusammenhang das in Abschnitt XV »Von den künftigen Dingen« Erklärte.)

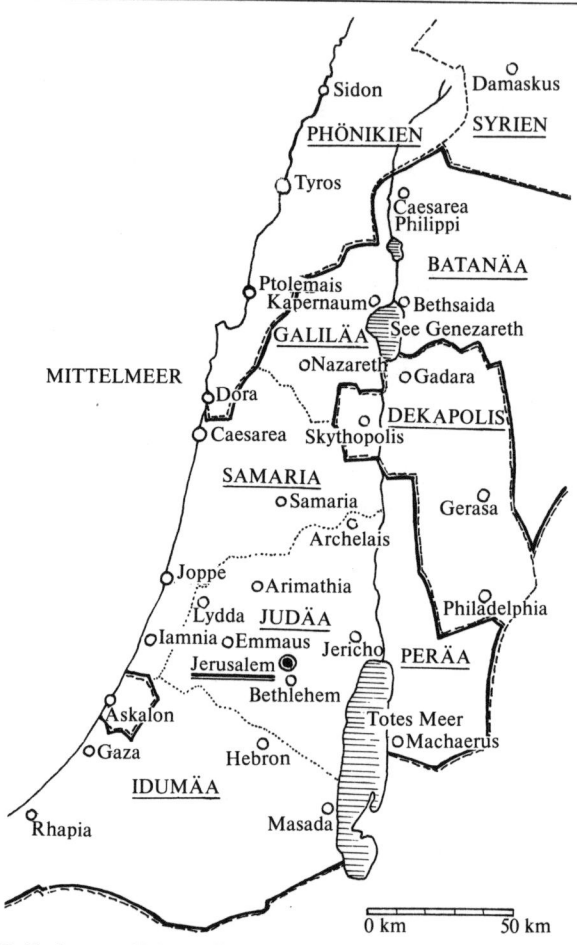

Palästina zur Zeit der Evangelien und der Apostelgeschichte
(da Pontius Pilatus Landpfleger von Juda und Herodes
Vierfürst in Galiläa war. Luk. 3,1).

VIII.
Der Heilige Geist

54 Frage: Was sagt uns die Bibel vom Wesen und Wirken des Heiligen Geistes?

Antwort:

1. Der Heilige Geist ist eine **göttliche Person,** wie auch die beiden anderen göttlichen Personen (Gott, der Vater, Gott, der Sohn). Er wird in der Bibel, wie der Vater und der Sohn, auch als Person der Gottheit bezeichnet.

   a) Der Vater ist Gott, Joh. 6,27
   b) Der Sohn ist Gott, Hebr. 1,8
   c) Der Heilige Geist ist Gott, Apg. 5,3-4
      Der Heilige Geist wird im allgemeinen als die dritte Person der göttlichen Dreieinheit bezeichnet.

2. Der Heilige Geist lehrt und legt Zeugnis ab (Joh.14,26), hört, redet, verkündet (Joh.16,13), beruft (Apg.13,2), teilt Gaben zu (1.Kor.12,1; u.4-11) und verwendet sich für uns (Röm.8,26). Man kann sich auch zum Heiligen Geist wie zu einer Person verhalten: Man kann ihn belügen (Apg.5,3), versuchen (Apg.5,9), betrüben (Eph.4,30), schmähen (Hebr.10,29), ihm widerstreiten (Apg.7,51), aber auch gehorchen (Apg.5,32). Wäre der Heilige Geist nur eine Kraft, dann könnten wir uns derselben bedienen. Als Person haben wir ihm zu gehorchen und ihm zur Verfügung zu stehen.

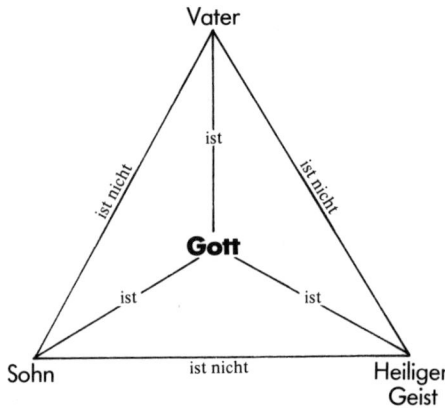

Frage: Seit wann ist der Heilige Geist in der Welt?

55

Antwort:

1. Der Heilige Geist, der als eine der drei göttlichen Personen von Ewigkeit her ist, war schon bei der Schöpfung wirksam. 1.Mose 1,2.

2. Später hat er die Propheten und manche Könige des Alten Testaments zu gewissen Zeiten und für bestimmte Aufgaben erfüllt.
2.Mose 31,3; 4.Mose 27,18; Richter 3,10; 11,29; 1.Sam.10,6; **1.Sam.16,13-14; 2.Sam. 23,2; 2.Kön.2,15;** Jes.48,16; Dan.6,4; Micha 3,8.

3. Er war es, durch den der Herr Jesus gezeugt und gesalbt wurde und der durch ihn wirkte. Matth.1,20; Luk.4,18; Apg.10,38.

4. In seiner ganzen Fülle ist der Heilige Geist am Pfingsttag auf die in Jerusalem versammelte Schar der Gläubigen herabgekommen. Seitdem empfangen alle Menschen, die an den Herrn Jesus gläubig geworden sind, den Heiligen Geist. Er wohnt und wirkt in ihren Herzen. Joel 2,28-32; **Joh.7,38-39;** 14,16-17; 15,26; 16,7; **Apg.2,1-4; 2,15-18;** Eph.1,13; Apg.2,33-36.

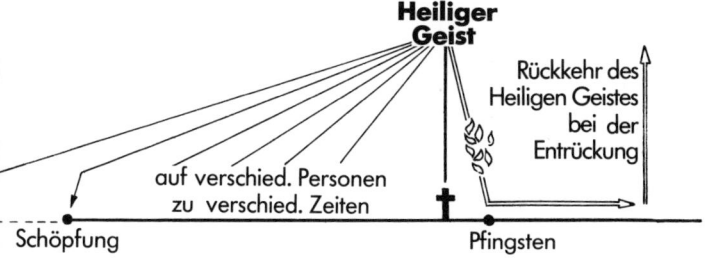

Heiliger Geist

Rückkehr des Heiligen Geistes bei der Entrückung

auf verschied. Personen zu verschied. Zeiten

Schöpfung

Pfingsten

56 Frage: Welche besonderen Aufgaben hat der Heilige Geist heute?

Antwort:

1. Der Heilige Geist überführt die Menschen von Sünde und führt zur Buße (Sinnesänderung) Joh.16,8-9. Durch ihn empfängt man neues Leben und wird so wiedergeboren (Joh.3,5).

2. Er gibt die Gewißheit, daß man ein Gotteskind ist. Röm.8,9; **8,14-16;** 2.Kor.1,22; 5,5; Eph.1,13-14.

3. Im Heiligen Geist ist man geheiligt. Röm.15,16b; 1.Petr.1,2.

4. Der Heilige Geist wohnt in der Gemeinde Gottes und in jedem Gläubigen. 1.Kor.3,16; 6,19.

5. Er schenkt Geistesgaben. 1.Kor.12,1 u. 4-11.

6. Er wirkt die Frucht des Geistes. Gal.5,22.

7. Er will leiten. Joh.16,13; Apg.8,28-29; Apg.10,19-20; 20,22-23; Röm.8,14; Gal.5,18.

8. Er tritt fürbittend ein. Röm.8,25-27.

9. Er will vor allem den Herrn Jesus verherrlichen. Joh.16,14-15.

Frage: Wem wird der Heilige Geist gegeben?

57

Antwort: Allen Menschen, die in Buße (Sinnes-änderung) und Glauben den Herrn Jesus Christus als Heiland für sich persönlich annehmen und wissen, daß das Werk Jesu am Kreuz von Golgatha für sie gesche-hen ist.
Joh.3,5-8; Röm.8,9; 1.Joh.5,12.

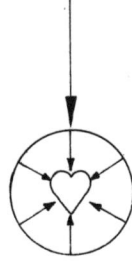

Wenn ein Mensch den Heiligen Geist besitzt, dann ist es Gottes Wille, daß dieser Geist lebendig in ihm wirksam wird.
Joh.3,34; Apg.1,8; Röm.8,13-14; Gal.5,16 u. 25; **Eph.5,18;** 2.Tim.1,7.

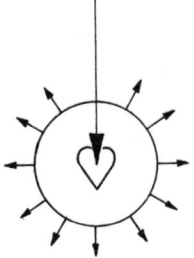

58 Frage: Warum braucht man den Heiligen Geist?

Antwort: Der Heilige Geist schenkt in der Wiedergeburt göttliches Leben und erhält den Glauben an den Herrn Jesus.
1.Kor.6,11; 2.Kor.4,13; Gal.6,8.
Der Heilige Geist bestätigt die Gotteskindschaft.
Röm.8,15.
Nur durch den Heiligen Geist kann man richtig beten. Joh.4,24; Röm.8,26-27.
Nur durch den Heiligen Geist kann man auch die Bibel richtig verstehen.
Joh.14,26; 16,13; 1.Kor.2,10-16.
Überhaupt kann man nur durch den Heiligen Geist Gott und Christus richtig erkennen und Liebe üben.
Röm.5,5; 1.Kor.12,3; 2,10-16; 2.Kor.3,17-18.
Ohne den Heiligen Geist kann man Gott nicht gefallen. Röm.8,8-9.

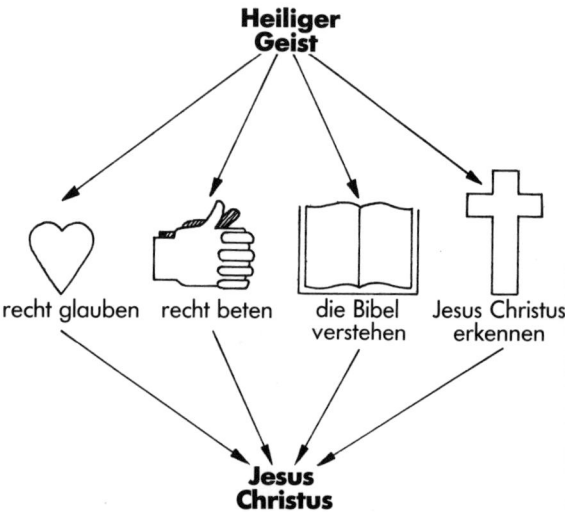

Heiliger Geist

recht glauben　recht beten　die Bibel verstehen　Jesus Christus erkennen

Jesus Christus

Frage: Woran erkennt man, daß ein Mensch den Heiligen Geist besitzt? **59**

Antwort:

Man erkennt es an der Frucht des Geistes. Diese ist mehr als gute Werke, die der natürliche Mensch hervorbringt.

Matth.7,17-20, **Gal.5,22.**

Frucht des Geistes

60 Frage: Kann man dem Heiligen Geist auch entgegenwirken?

Antwort: Ja! Nach dem Neuen Testament gibt es:
Ein Dämpfen des Geistes 1.Thess.5,19.
Ein Betrüben des Geistes, Jes.63,10; **Eph.4,30.**
Ein dem Geist Widerstreiten, Apg.7,51.

61 Frage: Was sagt die Bibel über die Taufe mit dem Heiligen Geist?

Antwort: Die Bibel macht deutlich, daß jeder, der von Herzen an den Herrn Jesus gläubig geworden ist, sofort den Heiligen Geist empfängt, was gleichbedeutend ist, mit dem Heiligen Geist getauft worden zu sein. Nach Bekehrung und Wiedergeburt noch auf den Empfang des Heiligen Geistes zu warten und mit einer **besonderen Geistestaufe** zu rechnen, läßt sich mit der Bibel **nicht belegen.** (Vergl. Frage 94,2.)
Joh.7,39; **Apg.10,44;** 15,8-9; 1.Kor.12,13; Gal.3,14; Eph.1,13.

IX.
Das Gebet

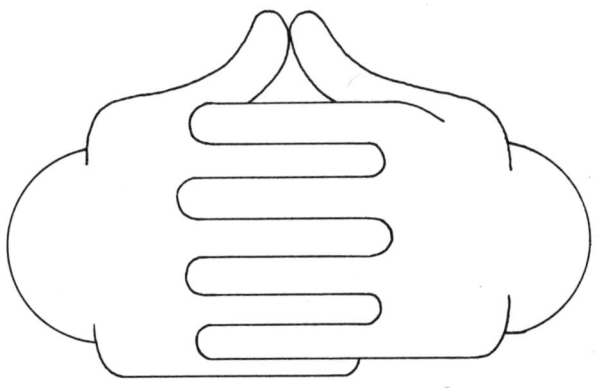

62 Frage: Was ist das Gebet?

Antwort:
1. Das Gebet ist das Gespräch des Glaubens mit Gott. Im Gebet danken wir Gott für seine Wohltaten, preisen ihn für seine Liebe und tragen ihm in kindlicher Einfalt unsere Anliegen vor. Man sagt mit Recht: Das Gebet ist das Atmen der Seele. Es ist also eine ungeheuer große Chance, von deren Nutzung der Segen im Leben eines Menschen abhängt. Ps.62,8; 118,5; 145,18; Röm.12,12; **Phil.4,6;** 1.Thess. 5,17. Ohne Gebet gibt es kein wahres Christentum. Die größten Gottesmänner waren auch die größten Beter. Das Gebet ist eine der stärksten Kräfte in der Welt; aber es hat auch nur dann wirksame Kraft, wenn es im Glauben geschieht, daß Gott es erhört, und wenn es durch den Heiligen Geist gewirkt ist.
2. Gebet geschieht vor allem auch, wenn ein bußfertiger, sündiger Mensch sich im Namen Jesu an Gott wendet und um Vergebung seiner Schuld bittet.
   Luk.15,18-19; 18,13; 23,42-43.

63 Frage: Was heißt: „Im Namen Jesu beten?"

Antwort: »Im Namen Jesu beten« heißt, daß man nicht auf Grund eigener Kraft und Verdienste vor Gott kommt, sondern auf Grund der vollbrachten Erlösung Jesu Christi, mit der einzigen Hoffnung, um Jesu willen erhört zu werden.
Matth.7,7; **18,19-20;** Mark.11,24; **Joh.14,13-14; 16,23-24; 16,26-27;** Eph.6,18; Jak.1,6; 1.Joh.3,22; 5,14.

Antwort:

1. Der Art nach unterscheiden wir:

   a) **Das persönliche Gebet (»im Kämmerlein«).**

   Dabei werden ganz persönliche Anliegen vor Gott vom einzelnen Beter gebracht. Es gehört in die Verborgenheit des Alleinseins. (Ein besonderer Segen liegt auf dieser Gebetsart. Größte Siege wurden im verborgenen Gebet errungen.)

   2.Kön.4,33; Ps.55,17 u. 22; 138,3; Dan.6,11; **Matth.6,6;** Luk.11,9-13; 1.Tim.5,5; 1.Petr.5,7.

   Das Gebet im »Kämmerlein«

   b) **Das gemeinsame Gebet in der Öffentlichkeit.**

   Dabei wird von einer Person als Sprecher der Gemeinschaft das oder die gemeinsamen Anliegen vor Gott gebracht. Es wird bestätigt von den still Mitbetenden durch ein abschließend gesprochenes »Amen«. Oft hat im Neuen Testament die ganze Gemeinde gebetet, denn von dem gemeinsamen Gebet geht eine gewaltige Kraft aus. Manches Mal hat auch der Herr Jesus im Kreise seiner Jünger gebetet.

   Das gemeinsame Gebet

   Matth.18,19-20; **Apg.1,14a; 2,42 u. 47; 4,24-31;** Röm.12,12; Kol.4,2; Apg.12,5; 1.Thess.5,17-18.

   Alles sollten wir mit Gebet beginnen. (Das Essen, die Arbeit, das Bibellesen.) Besonders sollten wir jeden Tag mit Gebet beginnen und auch beschließen. Überhaupt, wo zwei oder drei gottesfürchtige Menschen in stiller Stunde zusammenkommen, sollten sie immer zusammen beten, dann würde von ihnen ein Segen über Haus, Gemeinde und über die Welt ergehen. ►

2. Dem **Inhalt** nach unterscheiden wir:

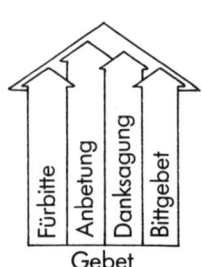

Fürbitte Anbetung Danksagung Bittgebet

Gebet

a) **Die Anbetung,** die die höchste Art des Betens ist, denn dabei denken und sprechen wir nicht unserer Anliegen wegen, sondern sehen allein Gott und unseren Herrn Jesus Christus und sein Werk auf Golgatha. Wir beten unseren Herrn für sein Opfer am Kreuz an und Gott, unseren Vater, für die unfaßbare Liebe in der Dahingabe seines Sohnes.

Die Anbetung kommt zum Beispiel in den Gemeinden besonders bei der Mahlfeier zum Ausdruck. Sie beginnt schon hier auf Erden und findet ihre ewige Fortsetzung in der himmlischen Herrlichkeit.

Joh.4,20-24; Eph.1,3-14; Kol.1,12-22; 1.Petr.1,3-4; **Offb.5,8-14;** 1,5b-6.

b) **Die Danksagung,** wobei wir dem Herrn für alle empfangenen inneren und äußeren Gaben von Herzen danken. Luk.24,30; **Joh.6,11;** Kol.4,2; **1.Thess.5,17-18.**

c) **Die Fürbitte,** in der wir die inneren und äußeren Nöte und alle sonstigen Anliegen, vor allem unserer Glaubensgeschwister, unserem Herrn vortragen. Unsere Fürbitte sollte in besonderer Weise das weltweite Werk unseres Herrn und alle in solchen Werken tätigen Brüder und Schwestern umschließen. Wir beten für Missionare, Evangelisten, Hirten und Lehrer, für die Arbeit an Jugend und Kindern, aber auch für den Dienst an Menschen in Alten- und Pflegeheimen, in Krankenhäusern und Waisenhäusern. Schließlich treten wir auch ganz besonders für die örtliche Gemeinde ein. Ebenso sollten wir beten für alle Menschen und für die Obrigkeit.

2.Mose 32,30-34; 1.Sam.7,8; 12,23; Neh.1,5-11; Dan.9,3-11; **Matth.9,38; Apg.12,5;** Eph.3,14-21; Kol.4,3-4; Hebr.13,17-19; Jer.19,7; 1.Tim.2,1-4.

d) **Das Bittgebet,** in dem wir Gott um Vergebung unserer Sünden und um unsere Heiligung oder um bestimmte eigene innere
und äußere Anliegen bitten.
Ps.51,1-12; Jes.38,2-5; Jona2,2-10;
Phil.4,6.

Frage: Welche Gebete erhört Gott? 65

Antwort: Gott erhört alle die Gebete, die nach
seinem Willen sind und nicht aus einem selbst-
süchtigen Herzen kommen. Er antwortet auf sie,
wenn sie glaubend und ohne Zweifel vor ihn gebracht werden.
Matth.18,19; **21,22;** Joh.16,23-24; **1.Joh.3,21-22;
5,14-15;** Jak.1,6-7.

Frage: Welche Gebete erhört Gott nicht? 66

Antwort: Gott erhört Gebete nicht, die gegen seinen heiligen Willen, also nicht vom Geiste Gottes
geleitet sind, die aus unlauterem und unversöhnli-
chem Herzen kommen, die leichtsinnig und gedankenlos heruntergeplappert und im Unglauben ge-
sprochen werden.
Matth.6,7-8; 14,15; Mark.11,24-26; **Jak.1,6-7.**

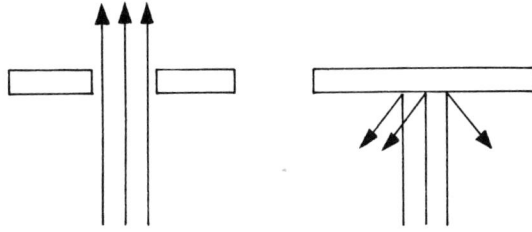

67 Frage: Sind uns Gebete aus dem Munde Jesu erhalten?

Antwort: Wir wissen, daß der Herr Jesus viel gebetet hat, vor allem nachts auf einsamen Bergen. Vor allen wichtigen Entscheidungen (z. B. vor der Wahl der 12 Jünger, vor den Krankenheilungen und vor allem vor seinem Leidensweg) betete der Herr. Prophetisch heißt es von ihm: »Ich aber bin stets im Gebet.« Ps.109,4.

Matth.14,23; Mark.1,35; 6,46; Luk.5,16; **6,12; Joh.11,41-42.**

Wörtlich berichtete Gebete Jesu sind u. a. folgende:

1. Die Lobpreisung, Matth.11,25-26;
   Luk.10,21-22.
2. Das sogenannte hohepriesterliche Gebet,
   Joh.17.
3. Jesu Gebet in Gethsemane, Matth.26,39-44;
   Mark.14,34.
4. Jesu Gebete am Kreuz, Matth.27,46;
   Luk.23,34.

Frage: Welche Bedeutung hatte das „Vaterunser" für die Jünger? **68**

Antwort: Der Herr gibt in diesem Gebet an, wie die Jünger, die noch in der Erwartung des irdischen Reiches standen, beten sollten. So gesehen, ist es eigentlich nicht das Gebet des Herrn, sondern das Gebet, das die Jünger beten sollten.
Matth.6,9-13; Luk.11,2-4.

Zuerst die Anrede: sie zwingt zu einer bewußten Hinwendung:
»Unser Vater, der du bist in den Himmeln«,
dann die drei ersten Bitten:
Geheiligt werde dein Name,
dein Reich (eigentlich: Königreich) **komme,**
dein Wille geschehe, wie im Himmel, also auch auf Erden.
Sie haben Gottes Ehre und Rechte zum Inhalt.
Die vierte Bitte:
Unser nötiges (tägliches) Brot gib uns heute,
hat leibliche Bedürfnisse zum Inhalt.
Es folgen dann wieder drei Bitten für geistliche Belange:
Vergib uns unsere Schulden, wie auch wir unseren Schuldnern vergeben;
Führe uns nicht in Versuchung, sondern
errette uns von dem Bösen.
Wir sehen, daß das »Vaterunser« ganz den Bedürfnissen der Jünger entsprach. Außerdem wird dieses Gebet wohl in der Drangsalszeit für den sogenannten gläubigen Überrest Israels wieder besondere Bedeutung erlangen. Dieses Gebet ist eine Art »Gebetsmuster«. Es warnt vor rein formelhafter und äußerlicher Art des Betens.

69 Frage: Welche Bedeutung hat das „Vaterunser" für die neutestamentliche Gemeinde Gottes?

Antwort: Dieses Gebet ist auch heute als Teil des göttlichen Bibelwortes und als Wort unseres Herrn von großer Wichtigkeit. Es ist **ein Beispiel für die rechte Rangfolge der Bitten.** Es lehrt bewußt und geordnet zu danken und zu bitten im Wissen um den Abstand (heiliger Gott) zu dem Vater (Nähe) im Himmel. Aus der neuen Beziehung zu Gott gestaltet sich auch für das Kind Gottes heute ein neues Beten.

Joh.16,23-27.

Zuerst geht es immer um die Belange und Ehre Gottes, dann erst um die äußeren und inneren Bedürfnisse persönlicher Art.

70 Frage: Welche Gefahren können entstehen, wenn das „Vaterunser" in unseren Häusern und Gemeinden gebetet wird?

Antwort: Es wird häufig vorkommen, daß dieses Gebet gedankenlos hergesagt wird und der Herr Jesus hat ausdrücklich vor dem „Plappern wie die Heiden" gewarnt. –

Durch dieses Gebet werden viele Menschen veranlaßt, Gott als ihren Vater anzureden, die gar nicht dazu berechtigt sind.

Ferner sollten wir bedenken: Das „Vaterunser" entsprach den Bedürfnissen der Jünger in der damaligen Zeit. Wir stehen jetzt im Zeitalter der Gnade und erwarten nicht ein irdisches Reich, sondern den wiederkommenden Herrn, der uns in seine Herrlichkeit holt. –

Weder in der Apostelgeschichte noch in allen übrigen Büchern des Neuen Testaments wird das »Vaterunser« auch nur noch einmal erwähnt. Außerdem wird dieses einzigartige Gebet durch das häufige gedankenlose Hersagen entwürdigt.

X.
Von Bekehrung und Wiedergeburt

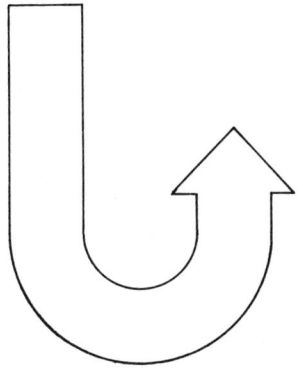

71 Frage: Was heißt: „Sich bekehren"?

Antwort: Da alle Menschen nach dem allein maßgebenden Urteil des heiligen und gerechten Gottes absolut verloren und nicht verbesserungsfähig sind (weil sie gesündigt haben: Röm.3,10-18; 3,22b-23; 6,23a), »mußte« Gott das Todesurteil über sie aussprechen. Er hat den Menschen mit dem freien Willen ausgestattet, sich für ihn oder gegen ihn zu entscheiden. Der Heilige Geist überführt nun durch sein Wirken am Herzen des Menschen von Sünde, Gerechtigkeit und Gericht. Gott bietet das Heil in Jesu Kreuz an und erwartet, daß sich der Mensch in **Buße** und **Glauben** zu ihm wendet und das stellvertretende Werk Christi am Kreuz annimmt als für ihn persönlich geschehen.

Doch Buße und Glauben sind letztlich auch Gnadengeschenke Gottes (Apg.11,18;2.Tim.2,25), die dem sündigen Menschen gegeben werden, wenn er im Licht Gottes seinen hoffnungslosen Zustand erkannt hat.

Buße im biblischen Sinne hat nichts mit »Abbüßen«, d. h. mit »Wiedergutmachung« zu tun, denn dazu ist der Mensch nicht fähig. Vielmehr bedeutet Buße nach dem griechischen Urtext »Sinnesänderung«, die in der **Abkehr** vom bisherigen eigenen Weg und in der **Hinwendung** zu Gott zum Ausdruck kommt. Diese Sinnesänderung nennt die Bibel an vielen Stellen **»Bekehrung«.**
Matth.13,15; Mark.4,12; **Apg.3,19;** 11,21; 14,15; **17,30; 26,20;** 1.Thess.1,9; 1.Petr.2,25.

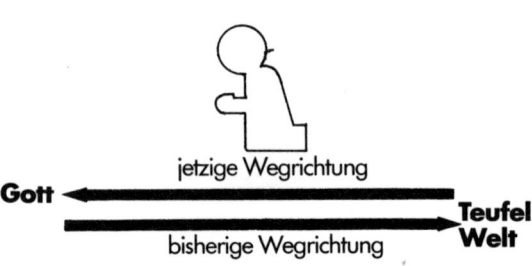

jetzige Wegrichtung

Gott ← → **Teufel**
Welt
bisherige Wegrichtung

Antwort: Wiedergeburt und Bekehrung gehören zusammen. Wenn auch die Wiedergeburt oder die »Geburt von oben her« (aus Gott geboren, 1.Joh.5,18) ausschließlich Gottes Werk ist, wozu der Mensch genau so wenig hinzutun kann wie zu seiner natürlichen Geburt, so ist er dabei aber nicht unbeteiligt.

Durch den Heiligen Geist überführt, erkennt der Mensch sein Totsein in der Sünde (Eph.2,1), ergreift im Glauben die rettende Hand Gottes. Auf diese Bekehrung antwortet Gott und schafft durch den Heiligen Geist neues, ewiges Leben. Das nennt die Bibel »aus Gott geboren werden« (Joh. 1,13). Durch die Wiedergeburt wird der Glaubende Kind Gottes und hat dadurch Teil an der göttlichen Natur.

Eph.4,24; 2.Petr.1,4; Joh.3,3 u.8; 2.Kor.5,17-18; Tit.3,5; 1.Petr.1,3 u.23; Eph.2,10.

Die Wiedergeburt ist ganz Gottes Werk durch den Heiligen Geist in Christus Jesus.

Gott

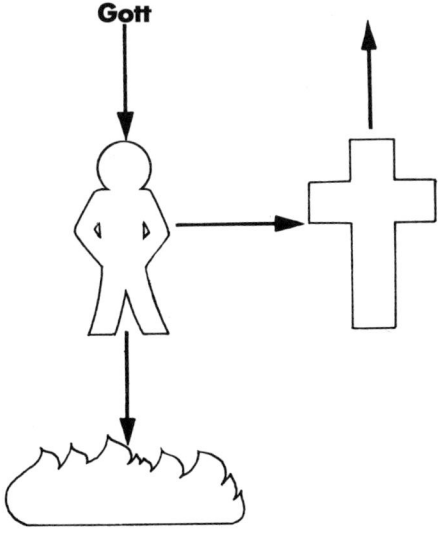

73 Frage: „Sich bekehren", wie geschieht das?

Antwort:

1. Auf Grund des gelesenen oder verkündeten Evangeliums und durch die Wirkung des Heiligen Geistes (Joh.16,8-9) kann man erkennen, daß man ein verlorener Sünder und auf dem Wege zur ewigen Verdammnis ist.
Jes.1,5b-6;   53,6;   Röm.3,22b-23;   6,23; Hebr.9,27.

2. Das absolute **Verlorensein** (der Mensch geht nicht erst verloren, **er ist verloren**) anerkennen und dem Herrn Jesus, unter Anrufung dieses Namens, in dem allein Heil ist (Apg.4,12), im ernstgemeinten Gebet (am besten auf den Knien an einem ungestörten Ort) die Sünden rückhaltlos bekennen. Den Herrn auf Grund seines stellvertretenden Todes und seines für uns vergossenen Blutes um Vergebung der Schuld bitten.
Ps.32,5; 51,1-12; Luk.15,18-19 u. 21; **18,13**; Apg.16,30-31.

3. Bewußt brechen mit der Sünde und hinwenden zu Gott. 1.Thess.1,9.

4. Glauben, daß der Herr Jesus alle Sünden am am Kreuz auf sich genommen und dadurch gesühnt hat, so daß Gott alle Schuld restlos vergeben kann und auch sofort vergibt.
Jes.1,18; Joh.3,16-17; 6,40; 6,47; Röm.3,24; 6,23; Gal.2,16; **Kol.2,13.**

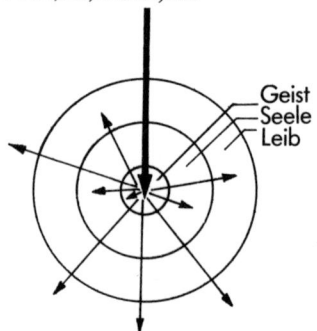

Geist
Seele
Leib

5. Gott schenkt dann als Antwort auf die Bekehrung durch die Wiedergeburt neues, ewiges Leben, und man empfängt den Heiligen Geist (Geistestaufe).
Mark.1,8; **Joh.1,33; 5,24; 7,38-39;** 11,25-26; Apg.10,44; Röm.5,5; **Eph.1,13-14.**

6. Dem Herrn Jesus und durch ihn auch Gott aus tiefem Herzen für die Vergebung der Sünden, für den Frieden mit Gott und für die zu erwartende himmlische Herrlichkeit danken. Dieser Dank muß sich, mit der Kraft Gottes, auch durch ein entsprechendes Leben der Heiligung und durch gottgewirkte Werke im praktischen Leben bestätigen.
Eph.2,8-10; 3,14-21; 6,10-20; Phil.2,13-16; **4,4-9;** Kol.1,12-23; 2,9-15; **3,12-17;** 1.Thess.5,16-24; Hebr.10,23-25; 12,1-3; 2.Petr.3,18.

Frage: Müssen sich alle Menschen bekehren, wenn sie ewiges Leben haben wollen? 74

Antwort: Ja, denn alle Menschen sind Sünder. Wenn wir hier glücklich sein und einst in die himmlische Herrlichkeit gelangen wollen, müssen wir uns bekehren und wiedergeboren werden.
Jes.55,6-7; Hes.18,21-23; 33,11; Joh.3,5 u. 16; 8,24; Apg.2,38; **Apg.17,30;** Röm.2,4; 3,23-24; 1.Tim.2,4.

**Der einzige Weg:
Jesus Christus**

75 Frage: Wann ist die beste Zeit, sich zu bekehren?

Antwort: Die beste Zeit, sich zu bekehren, ist die Kindheit und die Jugendzeit, denn dann ist das Herz noch nicht verhärtet durch Sünde und Selbstgerechtigkeit. Deshalb kann ein junger Mensch auch leichter glauben.
5.Mose 6,7; **Spr.8,17;** 23,26; Pred.12,1a; Matth.19,14.

75a Frage: Kann man sich bekehren wann man will?

Antwort: Kaum! Denn man weiß nie, wie lange man noch lebt und ob eine Umkehr zu einem späteren Zeitpunkt noch möglich ist. Gottes Gnadengeschenk des Heils will angenommen werden, wenn es angeboten wird.
Es ist gefährlich sein Herz zu verhärten. Als Folge könnte es dann sogar möglich sein, daß Gott selbst mit Verhärtung antwortet.
2.Mose 10,1; Hebr.3,7-13; Hiob 33,29-30.

Jugendzeit.

Kindheit.

heute.

jetzt.

XI.
Vom Glauben und von der Nachfolge

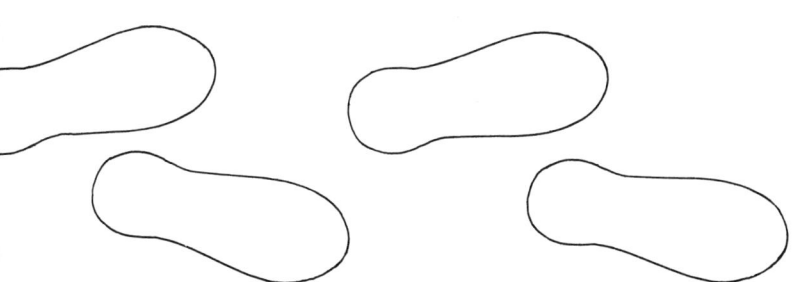

76 Frage: Welches ist der rechte Glaube?

Antwort: Glauben heißt hingebungsvolles Vertrauen auf Gottes Zusagen und vor allem auf Gott selbst und seinen Sohn Jesus Christus. (Vgl. die Erklärung von Hebr.11,1.)

Es genügt nicht allein, daß man mit dem Verstande glaubt, daß es einen Gott im Himmel gibt (Kopfglaube), sondern man muß mit dem Herzen glauben (Herzensglaube), daß Jesus Christus für jeden persönlich am Kreuz gestorben ist und alle Gerechtigkeit erfüllt hat. Glauben ist eine Tat des Herzens und des Willens. Die Folgen des Glaubens sind: Innerer Friede, Widerstandskraft gegen die Sünde, Trost in Anfechtung und die Gewißheit, daß man einst schauen darf, was man hier geglaubt hat.

Matth.9,29; 17,20; Apg.16,5; 26,18; Röm.5,1; **10,10; Eph.2,8-10;** 1.Tim.6,11-12; Hebr.12,1-2; **Jak.1,6;** 2,17-26; **1.Joh.5,4;** Jud.20; Offb.2,13.

Kopfglaube
(Er nützt zum
Heil nichts)

Herzensglaube
(Er verwandelt
den Menschen)

Frage: Können alle Menschen glauben?

77

Antwort: Auch der Glaube des Menschen beruht nur auf dem Wirken Gottes (Joh.6,37.44.65). Damit ist aber seine Verantwortung im Hinblick auf sein »Glauben- oder Nicht-Glaubenwollen« nicht aufgehoben. Der Mensch ist und bleibt derjenige, der in voller Verantwortung dem Ruf Gottes Antwort schuldet. Aber die Bibel macht deutlich, daß der Glaube letztlich nicht eigener Entscheid und damit menschliches Werk ist, sondern **nur Antwort auf Gottes Ruf und Einladung.** Da sich der Ruf Gottes aber an alle Menschen richtet (Joh.3,16; 1.Tim.2,3-4), haben auch alle Menschen, die den Ruf Gottes hören, die Möglichkeit, auf den Ruf mit dem »Ja« des Glaubens zu antworten. Das genannte »Nichtglaubenkönnen« ist dann in Wirklichkeit ein »Nichtglaubenwollen«.

Mark.9,23; **Joh.6,29;** Röm.4,16a; 10,17; 2.Thess.3,2; Hebr.11,6.

78 Frage: Welche Stufen kann man im Glaubensleben unterscheiden?

Antwort: Im Glaubensleben unterscheiden wir:

1. **Den Anfang des Glaubens,** der in der Bekehrung und Wiedergeburt besteht. Voraussetzung ist die Annahme der Botschaft vom Kreuz als persönliche Botschaft. (Siehe Abschnitt X.) Joh.3,3 u. 5; Apg.5,14; **10,43;** 13,39; Apg.15,11; **16,31.**

Hebr.6,1

2. **Das Wachstum des Glaubens.** Wir müssen wachsen im Glauben und in der Erkenntnis. Unser Glaube muß tiefer und fester werden. Luk.17,5; **Apg.14,22;** 16,5; 2.Kor.10,15; 2.Thess.1,3; 1.Tim.2,4; **2.Petr.3,18; Jud.20.**

3. **Den Kampf des Glaubens.** Es gibt manche Zweifel und Anfechtungen, die wir überwinden müssen. Dazu schenkt uns der Herr selbst die Waffenrüstung. 1.Kor.9,25-26; **Eph.6,10-18; 1.Tim.6,12; 2.Tim.4,7-8;** Offb.2,7.11.17.26; Offb.3,5.12.21.

4. **Den Sieg des Glaubens.** Manche haben im Glauben Schiffbruch erlitten. 1.Tim.1,19. Wir alle sind in der Gefahr, Niederlagen in unserem Glaubensleben zu erleiden. Aber Christus hilft uns zu neuen Siegen. Matth.26,41; 2.Tim.2,22; Hebr.12,1-2; **1.Petr.1,5; 1.Joh.5,4;** Offb.2,4.

5. **Das Ziel des Glaubens.** Hierbei geht es:
   a) um das Ziel, das der Herr schon in dieser Erdenzeit mit uns erreichen will: ihm ähnlich werden! Matth.5,48; **2.Kor.3,18;** 4,16; 5,7; Eph.4,13; Phil.3,12-14.
   b) um das Endziel in der himmlischen Herrlichkeit, d. h. ihm gleichsein, ihn sehen dürfen, wie er ist. **1.Kor.2,9;** 2.Kor.5,1; 2.Tim.4,7-8; 2.Petr.1,11; **1.Joh.3,2;** Phil.3,20-21.

Der Glaubensweg

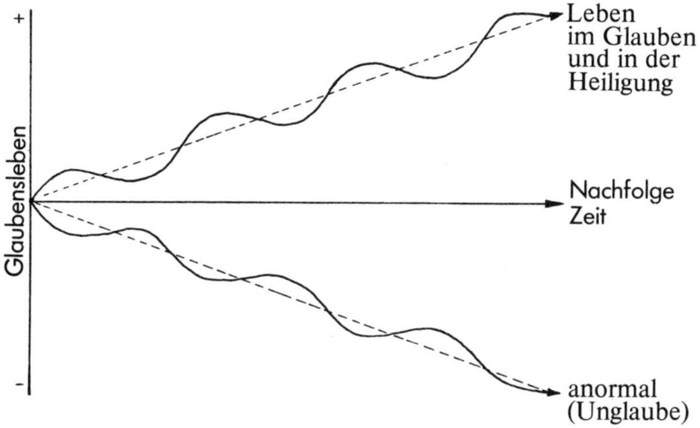

+

Glaubensleben

Leben
im Glauben
und in der
Heiligung

Nachfolge
Zeit

−

anormal
(Unglaube)

Die Verantwortung des Menschen vor Gott

(zu Frage 79/80)

Gott

sind Gott verantwortlich	ist Gott verantwortl.	sind Gott verantwortlich
1. Petr. 5,1 Eph. 6,4	Ap. 5,29	Kol. 4,1 Dan. 4,14
Hebr. 13,17	Dan. 3,16	Eph. 6,9 Joh. 19,10-11
		Röm. 13

Älteste
(ersammlung)　　Eltern

Herren
(Arbeitgeber,
Lehrer . . .)　　Obrigkeit

Hebr. 13,17			1. Petr. 2,13-17
1. Thess. 5,12		1. Petr. 2,18	Eph. 6,5
1. Petr. 5,5		1. Tim. 6,1	Röm. 13,1-7
1. Tim. 5,17	Kol. 3,20	Kol. 3,22	Matth. 22,21
	Eph. 6,1	Eph. 6,5	1. Tim. 2,2

Christ

95

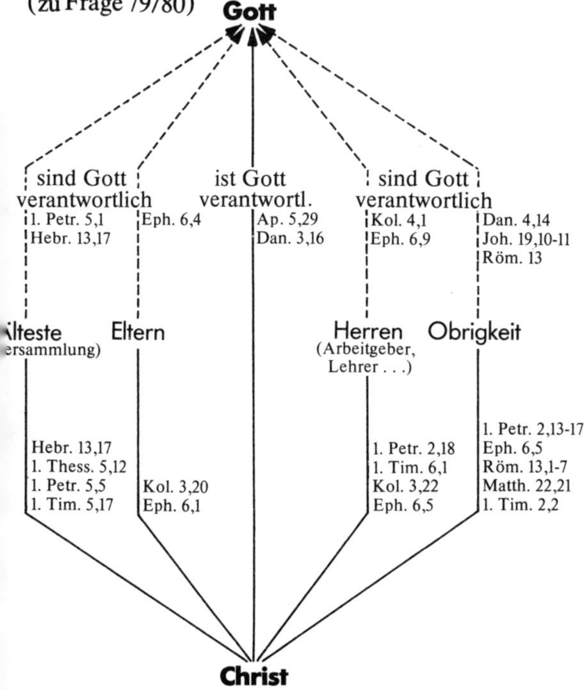

79 Frage: Wie zeigt sich dieser Glaube?

Antwort: Glaube, wenn er echt ist, zeigt sich nicht nur im Bekenntnis zu Christus, sondern auch in der Klarheit der Nachfolge:

1. **Im Vertrauen und Gehorsam vor Gott. Hebr.11**
2. **Im Zeugnis:**
   a) in der Versammlung (Gemeinde)
   b) in der Familie
   c) am täglichen Arbeitsplatz
   d) auch gegenüber unbekannten Menschen
   Matth.10,32; Röm.10,9-10; Hebr.13,15.
3. **Im Wandel und den Werken**
   Jak.2,14-26; 3,13; Eph.2,10; 1.Tim.4,12; 6,18; 2.Kor.9,8; Tit.2,14; 1.Petr.2,12.

Versammlung
Familie
Arbeitsplatz
gegenüber
allen
Menschen.

Zeugnis **Glaube** Wandel und Werke

persönl. Leben
gegenüber
dem Nächsten
Versammlung

Frage: Worin bestehen diese Werke?

80

Antwort: In der Befolgung der Aussagen des Wortes Gottes (Bibel) und damit der Weisungen des Heiligen Geistes.

Geist nicht betrüben

1. **In bezug auf das persönliche Leben.**
   Eph.4,25-32; 5,1.2.7.11.18; 1.Tim.6,6-12; Hebr.12,14; 1.Joh.1,7-9; 2,15-17.
2. **In bezug auf den Nächsten.**
   Luk.10,27-37; Eph.6,1-9; 1.Tim.6,1-2; 1.Petr.2,21-23; Jak.4,17.
3. **In bezug auf die Ordnungen des Hauses Gottes (Versammlung). 1.Tim.3,15; 4,15-16; Hebr.10,23-25; 12,14; 13,1-7.15-17.**

Frage: Woher erhalten wir die Kraft, diese Werke zu tun?

81

Antwort:
1. **Nicht aus uns.**
   Röm.7,18-19.
2. **Durch die Kraft des Heiligen Geistes, indem ich mit ihm rechne, mich seinem Mahnen und seinen Hinweisen bewußt ausliefere.**
   Röm.8,14; Eph.3,20; 2.Kor.3,18; 13,3-5; Phil.2,12b-16.

82 Frage: Und wenn wir versagen in Wandel und Werk?

Antwort: Gott sieht unser Herz, die ernstgemeinte Buße und Reue und das Bekenntnis unserer Herzen und antwortet darauf in seiner Gnade mit Vergebung und Wiederherstellung der Gemeinschaft. **1.Joh.1,9-2,2; Ps.34,18; 51,17; Jes.57,15; 66,2b.**

Wo sich der Weg des Menschen
mit dem Weg Gottes kreuzt,
braucht er das Kreuz.

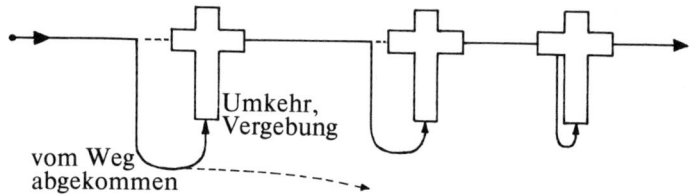

Umkehr,
Vergebung

vom Weg
abgekommen

83 Frage: Welche Pflichten hat der Christ in seinem Verhältnis zur Obrigkeit?

Antwort: Jeder Christ hat seine Obrigkeit als von Gott eingesetzt anzuerkennen und ihr Gehorsam zu leisten, solange dies nicht gegen Gottes Wort verstößt. Er hat die Gesetze zu beachten und die gesetzlichen Abgaben gewissenhaft zu entrichten, in Treue und Pflichterfüllung vorbildlich zu sein. Oberstes Gebot ist bei allem aber das Wort seines Herrn: »Man muß Gott mehr gehorchen als Menschen.« Apg.5,29b.
Luk.20,25; Matth.22,21; Röm.13,1-7; Jer.29,7; Apg.5,29b; Apg.4,19; Matth.5,16; Eph.5,9; Spr.11,11; 28,12; Dan.3,18; Tit.3,1; Ps.72,16.

XII.
Die neutestamentliche Gemeinde

84 Frage: Was ist die „Versammlung", anders übersetzt „Gemeinde"?

Antwort:

1. Die Heilige Schrift kennt unterschiedliche Ausdrücke, die im Grunde doch alle dasselbe meinen. Das griechische Wort »ekklesia«, d. i. Herausgerufene, wird übersetzt mit Versammlung oder Gemeinde. Außerdem finden sich der Bildersprache entnommene Ausdrücke wie: Bau, Haus Gottes, Versammlung Gottes, Behausung Gottes im Geiste, Tempel im Herrn, Leib Christi, Braut Christi, Weib des Lammes. Matth.16,17.18; Eph.2,21-22; 1.Kor.3,9; Hebr.10,21; Eph.1,23; Offb.21,9; 1.Thess.2,14; **1.Tim.3,15;** 1.Kor.3,16 u. a.

2. Die Bibel spricht von einer **Gesamtgemeinde** (Matth.16,18; Eph.1,22; Kol.1,18). Zu ihr gehören alle gläubigen, d. h. wiedergeborenen Menschen der ganzen Erde in der gegenwärtigen Heilszeit. Sie bilden die »Versammlung des lebendigen Gottes«, sind Glieder am »Leibe Christi«, dessen Haupt der Herr Jesus ist, und sind so eine Einheit. – Diese organische Einheit ist durch den Heiligen Geist seit Pfingsten gewirkt nach Plan und Auserwählung Gottes vor Grundlegung der Welt. Eph.1,4ff.

   1. Kor. 12. 13

   Ihre Aufgabe ist es:

   a) **Pfeiler und Grundfeste der Wahrheit** zu sein. Sie hat den Auftrag, das Zeugnis der Wahrheit Gottes zu tragen und aus seiner Kraft durch ihr **Dasein** leuchtend darzustellen.   1.Tim.3,15.

   b) Sie ist **das Haus Gottes.** In ihr will Gott hier auf Erden wohnen und »zu Hause« sein.   Eph.2,22.

   c) Sie ist **der Leib Christi.** Dieses Bild spricht von der Vielzahl der Glieder, die zur **Einheit eines Organismus** gehören. Der Leib ist mit dem verherrlichten Haupt im Himmel, d. i. Christus, untrennbar verbunden

und empfängt von dort seine Weisungen.
Eph.1,22-23; 4,15-16.

d) Sie ist **die Braut, das Weib des Lammes.**
Das spricht von den gegenseitigen Zuneigungen göttlicher Liebe.
Eph.5,25-32; Offb.19,7.

Die Bibel spricht auch von **Ortsgemeinden,** so wie sich die Gesamtgemeinde örtlich bewußt darstellt.

Die praktische Darstellung dieser Einheit hat seit der urchristlichen Gemeinde durch menschliche Schwächen und Sünden eine Fehlentwicklung genommen, die zu vielen Kirchen- und Gemeindeformen mit unterschiedlichen Benennungen führten. Die Kirchengeschichte zeigt, daß immer wieder Menschen zurückfanden, die sich auf dem Boden urchristlicher Gemeinschaft versammelten in Form von Ortsgemeinden in den verschiedensten Städten. Röm.16,3-5; Gal.1,2; Offb.1,4.

3. **Der Zweck ihrer Zusammenkünfte ist:** Gott und seinen Sohn Jesus Christus zu preisen, anzubeten und unerlösten Menschen das Evangelium zu verkünden, sich gegenseitig zu belehren, im Glauben zu fördern und zu stützen mit dem Ziel der inneren Auferbauung und Heiligung.
1.Kor. 14.26
Matth.18,15-20; Apg.2,42; 20,28.29.32; 1.Kor.1,5; 3,6.7.11-13; Eph.4,1.2.4-6.14; 1.Petr.2,5; Apg.26,18.

4. **Aufgaben der Gemeinden:** Anleitung und Anregung zu geben, das empfangene Licht darzustellen im persönlichen zeugnishaften Lebenswandel. Das Gesetz Christi zu halten, Liebe zu üben, Mission zu treiben auf der ganzen Erde und eifrig zu sein in guten Werken als Frucht des Geistes und des Glaubens.

1.Thes. 4.11
Matth.28,19; Apg.1,8; **Phil.2,15.16;** Eph.2,10; Kol.1,10; Tit.2,14; 3,8.

85 Frage: Was sagt Jesus selbst über die Gemeinde?

Antwort: Sie ist auf einen Felsen gebaut. Jesus selbst ist dieser Fels oder Eckstein. Darin liegt die Verheißung und Garantie, daß des Hades Pforten sie nicht überwältigen werden.
Matth.16,18; Joh.17,11.15.24; (Eph.2,20).

Die Apostel:

Die Gemeinde ist aufgebaut auf die Grundlage der Apostel und Propheten des Neuen Testamentes. Daher sind neue Apostel nicht mehr erforderlich. Heute geht es um das rechte Weiterbauen, das uns die Bibel beschreibt.
Röm.15,20f; 1.Kor.3,10f; Gal.2,9; 1.Petr.2,4-10.

Ap G 13.1 ?

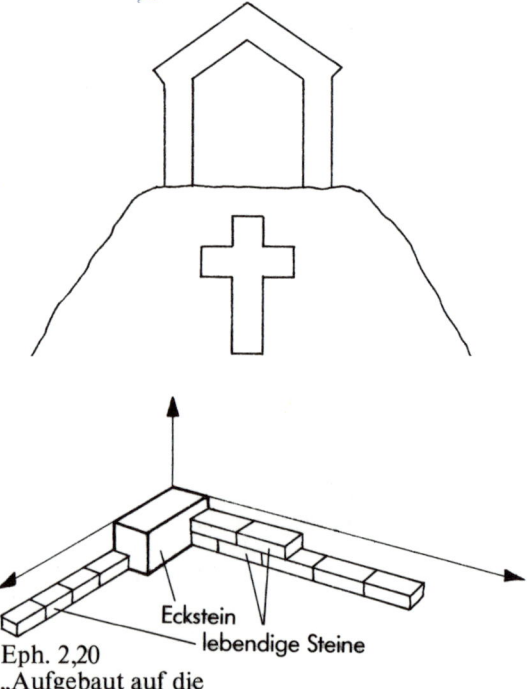

Eph. 2,20
„Aufgebaut auf die Grundlage der Apostel und Propheten, indem Jesus Christus selbst Eckstein ist.

Eckstein
lebendige Steine

Frage: Wo lag der Beginn der Gemeinde?

86

Antwort: Durch das Wirken des Heiligen Geistes entstand 10 Tage nach der Himmelfahrt Jesu **am Pfingstfest die erste sichtbare Gemeinde.** Apg. 2,1-4 u. 41-42 u. 47; 5,11-14.

Zunächst waren es nur Angehörige der jüdischen Religion, die zur Gemeinde gehörten (Apg.2,5-11). Erst nachdem Petrus von Gott eine klare Weisung empfangen hatte und Kornelius getauft worden war (Apg.10), konnten auch die Heiden ohne Angliederung an Israel in die Gemeinde aufgenommen werden (vgl. Apostelbesprechung Apg.15). Die erste Gemeinde aus den Nationen war in Antiochien. Hier wurden die Gläubigen zuerst »Christen« genannt.
(Apg.11,25-26)
Apg.1,15; 2,41-47; 4,4 u.32-34; 5,14 u.42; 6,7; 16,14 u.33; 19,20.

87 Frage: Welche Ordnung hat die Gemeinde?

Antwort: Maßgebend und verbindlich in allen inneren und äußeren Angelegenheiten ist das Wort Gottes.

Zu den **inneren Angelegenheiten** gehören u. a.: Fragen der Lehre, des geistlichen Lebens innerhalb der Gemeinde, Auslegungen und Verkündigung des Wortes Gottes, Ablauf der Versammlungsstunden, Ordnung der Gemeinde, der Mahlfeier, der Taufe und die Gemeindezucht, desweiteren diakonische Dienste der Betreuung von Kranken, Alten und Bedürftigen.

Zu den **äußeren Angelegenheiten** gehören: Gebäudeverwaltung und Vertretung nach außen, z. B. den Behörden gegenüber u. a. m.

Kol.3,16-17; Matth.18,15-17; 1.Kor.5,7; 6,5-7; 1.Tim.5 u. 6; 1.Tim.3.

Ordnung
Richtschnur – Wort Gottes

Unordnung

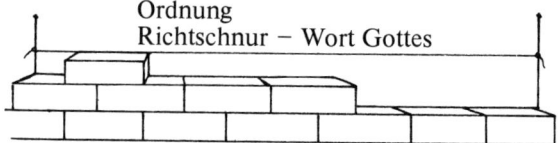

kein Individualismus
keine Demokratie

Antwort: **Der Herr Jesus Christus ist das Haupt seiner Gemeinde.**
In dieser Gemeinde sollten, im Gegensatz zu der Welt, nur geistliche Führungs- und Ordnungsgrundsätze herrschen. **Die Leitung hat der Herr Jesus Christus selbst. Er wirkt, ordnet und regelt durch den Heiligen Geist.** Deshalb dürfen menschliches Macht- und Zweckmäßigkeitsdenken in der Gemeinde keinen Platz haben. Der Heilige Geist benutzt den Menschen, um die verschiedensten Dienste durchzuführen. Dazu rüstet er sie aus mit der geistlich nötigen Gabe und Kraft. Wenn diese Gaben in Demut, Gehorsam und Liebe betätigt werden, ist das »Funktionieren« d. h. das Wachstum der Gemeinde auch ohne künstliche Hilfsmittel angestellter Amtsträger gewährleistet.
1.Kor.12 u. 14; Eph.4,11-12; 1.Tim.5,17; Hebr.13,7 u. 17; **Eph.1,22-23; 4,15; Kol.1,18.**

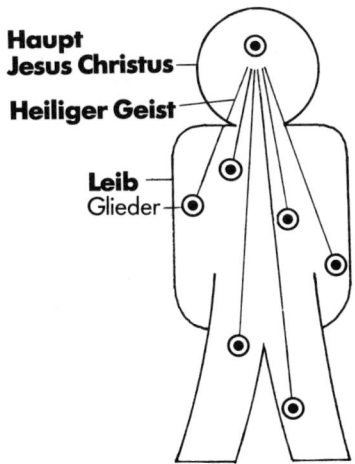

**Haupt
Jesus Christus**
Heiliger Geist

Leib
Glieder

89 Frage: Welche besonderen Dienste gibt es in einer örtlichen Gemeinde?

Antwort: Das Neue Testament unterscheidet zwei verschiedene Dienste:

1. **Ältesten- oder Aufseherdienste, Lehrer- und Hirtendienste.** Solche Dienste sollten nur diejenigen unter den Brüdern ausüben, die um die Berufung vom Herrn und der durch den Heiligen Geist geschenkten Gaben wissen. Auch müssen gewisse Voraussetzungen erfüllt sein, wie sie sich aus mehreren ausführlichen Berichten des Neuen Testaments ergeben. Die Berichte zeigen deutlich auf, daß solche Dienste nicht kraft einer menschlichen Berufung oder eines Amtes ausgeführt werden, sondern allein auf Grund einer Berufung durch den Herrn.
   Röm.12,6-8; Apg.20,28; 1.Thess.5,12; 1.Tim. 3,1-7; 4,11.12; 5,17; 2.Tim.4,5; 2,2.15; Tit. 1,6-9; Hebr.13,7.17; Eph.4,7.11.

2. **Diener** (griech. = diakonos).
   Jedes Glied am Leibe Christi ist mit hineingenommen in die Aufgaben der Dienste füreinander wie die Glieder eines menschlichen Körpers und ist dafür verantwortlich nach dem Maße der Gabe des Christus. Darüber gibt es Dienste, die nur dafür bestimmte Geschwister tun können (Hinweis auf 87. Frage).
   Apg.6,3-6; 1.Tim.3,8-13; 2.Tim.1,18.

Frage: Welche Vorrechte schenkte Gott der Gemeinschaft der Gotteskinder an einem Ort?

90

Antwort:

1. Die Feier des Gedächtnismahles des Herrn, um Opfer des Lobes und Dankens zu bringen. (Vgl. Fragen 97 – 99.)

2. sich gegenseitig am Wort Gottes zu erbauen,

3. miteinander und füreinander zu beten,

4. in Fällen von Armut, Krankheiten und Schwachheiten, sowie anderer Notlagen Hilfen der Geschwister in Anspruch nehmen zu können.

    Kol.3,16.17; Gal.2,10; 6,10; Phil.4,10-19; 1.Tim.2,1; 2.Tim.1,3; Apg.12,5; 2,42; 1.Kor.10,16.17; 11,20-29.

Durch die Leitung des
Heiligen Geistes
Dienst untereinander
und Wirkung
nach außen

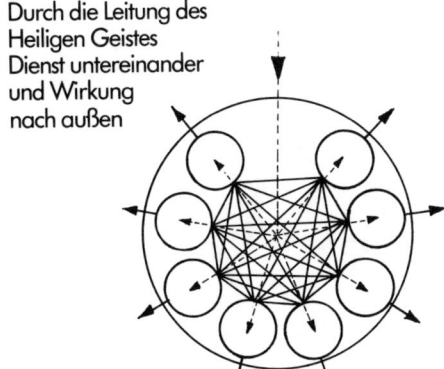

91 Frage: Welche Aufgaben hat die örtliche Gemeinde gegenüber den einzelnen Gliedern?

Antwort: Die Gemeinde hat die Aufgabe:

1. Das Wort Gottes zu verkündigen, über die Lehre und das Leben der Geschwister zu wachen,

2. seelsorgerische Dienste auszuüben, sich der Schwachen in Liebe anzunehmen, Irrenden nachzugehen und Kleinmütige zu trösten, Unordentliche zurechtzuweisen und zu ermahnen, Säumige zu ermuntern, die Zusammenkünfte nicht zu versäumen,

3. gegebenenfalls Gemeindezucht zu üben. Es gibt eine Gemeindezucht, die zu einer Bezeichnung vor der Gemeinde oder zu einem Ausschluß von der Gemeinschaft führen kann. Eine solche Maßnahme dient einmal der Bereinigung böser Dinge innerhalb der Gemeinschaft, und andererseits soll sie als letztes Mittel zur Zurechtbringung des Schuldiggewordenen dienen. Motiv dazu ist die Liebe.

Bibelstellen zu 1.: 1.Tim.6,3; Apg.20,28-31; Tit.1,9; 3,8; Tit.2,1; 1.Kor.6,5; 11,31; 2.Joh.4; Matth.18,15-16; 2.Kor.8,21.

Bibelstellen zu 2.: 1.Thess.2,7; 1.Petr.5,2; Apg.20,28; 1.Kor.9,19.22; 1.Thess.5,14; 1.Tim.4,13; 2.Thess.3,6; Gal.6,1.2; 1.Tim.5,20.21; Hebr.10,24.25.

Bibelstellen zu 3.: 1.Kor.5,11.13; 5,4; Matth.18,18; 1.Thess.4,7.8; Röm.6,1.2.6; 1.Tim.5,20; 2.Kor.6,16-18; 2.Thess.3,14.

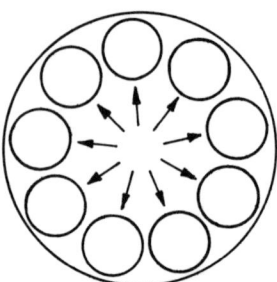

Aufgaben an jedem

Frage: Welche Aufgaben haben die Glieder gegenüber der Gemeinschaft? **92**

Antwort: Sie haben die Aufgabe:

1. Ihre vom Herrn Jesus empfangenen Gaben zu betätigen und sich gegenseitig in Liebe zu begegnen, zu ermahnen und ermahnen zu lassen, einen Lebenswandel in Treue vor dem Herrn und moralisch rein zu führen und auf ein gutes Zeugnis vor allen Menschen zu achten.

2. Die von der Gemeinde durchgeführten Maßnahmen, wie öffentliche Wortverkündigungen, Evangelisationen zu unterstützen durch geldliche Beträge und persönliche Dienste und nicht zuletzt die Versammlungsstunden regelmäßig zu besuchen.

3. Wichtige Gemeindeentscheidungen, wie z. B. Teilnahme am Mahl des Herrn oder Ausschlüsse aus der Gemeinschaft verantwortlich mitzutragen.

4. Diejenigen Brüder, die verantwortlich vor dem Herrn Ältestendienste verrichten, zu achten, anzuerkennen und zu ehren.

Bibelstellen zu 1.: Matth.22,39; Mark.12,31; Joh.13,14.34; 15,5; Röm.12,9.10; 1.Thess. 5,14.22.23; Eph.4,1-6; 1.Petr.2,9-12; 1.Joh.4,21.

Bibelstellen zu 2.: Apg.2,42-47; Gal.6,6; Röm. 16,1; Phil.4,16,18; 1.Tim.5,18; Hebr.10,24.26; 13,16.21.

Bibelstellen zu 3.: Matth.18,17; 1.Kor.5,6.7.12; Offb.2,2.14.16; 2.Thess.3,6.

Bibelstellen zu 4.: Hebr.13,7.17; 1.Tim.5,17.

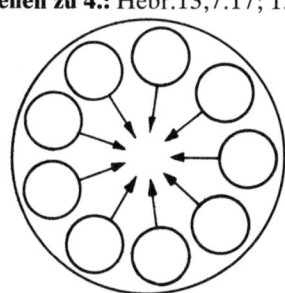

Aufgaben von jedem

Maße und Gewichte

a) Längenmaße

Elle	etwa 45 cm
Stadion (griech. Wegemaß nach der Länge des Stadions in Olympia)	etwa 185 m
Meile (röm. Wegemaß von 1000 [lat. mille] Doppelschritten je 1,478 m)	etwa 1,478 km

b) Hohlmaße

Choinix	=	1,1	ltr.
Modion	=	8,75	ltr.
Saton	=	13,125	ltr.
Bath	=	22	ltr.
Metretes	=	39,39	ltr.
Kor	=	220	ltr.

c) Gewichte

Litra (röm. »Pfund«)	= 327,45 g

Mine und Talent waren Geldgewichte
(s. unter Münzen und Geldeinheiten)

Münzen und Geldeinheiten im Neuen Testament

Lepton (griech.) Kupfermünze	=	kleinste Münze
Quadrans (röm.) Kupfermünze	=	2 Lepta
Assarion (griech.) Kupfermünze	=	4 Quadrantes
Denar (röm.) Silbermünze	=	16 Assaria
Drachme (griech.) Silbermünze	=	16 Assaria
Didrachme (griech.) in neutestl. Zeit nicht mehr im Umlauf	=	2 Drachmen (oder Denare)
Stater (griech.) Silbermünze	=	4 Drachmen (oder Denare)
Mine (griech.) Geldgewicht	=	100 Drachmen
Talent (griech.) Geldgewicht	=	60 Minen = 6000 Drachmen

Eine Umrechnung nach dem heutigen Wert kann sich daran orientieren, daß der Tagelohn eines Arbeiters nach Mt. 20,2 ff. einen Denar (Drachme) betrug.

XIII.
Die Taufe

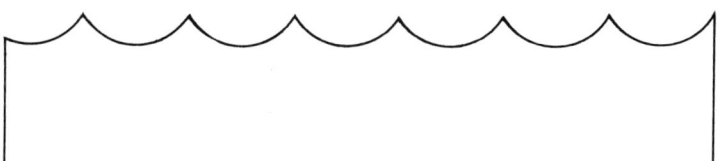

93 Frage: Was sollten wir von der Taufe wissen?

Antwort:

1. Wir lesen in der Bibel von Waschungen, deren sich die Israeliten unterziehen mußten nach der Berührung von Toten, gewissen Kranken und unreinen Gegenständen, um sich von aller damit verbundenen Verunreinigung zu reinigen.

2. Die Proselytentaufe, die an solchen Menschen vorgenommen wurde, die vom Heidentum zum Judentum übertreten wollten, ist in der Bibel nicht erwähnt, aber aus anderen Quellen bekannt geworden.

3. Die Taufe Johannes des Täufers war eine Taufe zur Buße und geschah öffentlich durch Untertauchen im Jordan. Voraussetzung war ein ehrliches Bereuen der Sünden und ein aufrichtiges Bekenntnis zur Umkehr.

   (Johannes verstand sich als »die Stimme des Rufenden«, als Wegbereiter für den nach ihm Kommenden, Messias, und für das »Reich Gottes«.) Im gleichen Sinne tauften auch die Jünger Jesu zu einer Zeit, als Jesus das Evangelium des Reiches Gottes verkündigte.

   Bibelstellen zu 1.: 3.Mose 14,7.8.9b; 3.Mose 17,15.16; 4.Mose 19,7; 4.Mose 19,13.19; Hebr. 9,10.

   Bibelstellen zu 3.: Matth.3,11a; Mark.1,4-11; Luk.3,3.4.12.16.21.

4. Die **Taufe,** wie sie seit Pfingsten bis heute geschieht nach den Worten des Herrn Jesus. Matth.28,19; Mark.16,16.

Nur diese Taufe soll im Folgenden behandelt werden.

Frage: Was ist und was bedeutet die Taufe?

94

Antwort:

1. Die Taufe ist eine **symbolhafte Handlung,** die an einem wiedergeborenen Menschen auf dessen Wunsch durch Untertauchen in Wasser vollzogen wird. Der Täufling legt dadurch ein **öffentliches Bekenntnis** davon ab, daß er mit Christus gestorben, begraben und auferstanden ist. Er kommt damit im **Gehorsam** den Worten Jesu nach und bezeugt gleichzeitig das Begehren eines guten Gewissens, d. h. sich der Sünde für tot oder gestorben zu halten, Gott aber lebend in Christo Jesu.

   Die Gedanken einer Vergebung der Sünden durch den äußerlichen Vollzug der Wassertaufe sind ebenso auszuschließen wie die Gedanken einer Säuglingstaufe.

   Röm.6,3-11; Apg.8,36-38; 10,47; 9,18; 16,15.33; 22,16.

2. Sie ist eine Handlung, die auf den (in den) Namen des Vaters, des Sohnes und des Heiligen Geistes geschieht. Matth.28,19.

   Sie darf nur an Gläubigen, die eine Wiedergeburt erlebt haben, vollzogen werden. Apg.10,47. **Die Wiedergeburt schließt den Empfang des Heiligen Geistes ein.** Deshalb bedarf es nicht, wie manche meinen, eines nochmaligen mystischen Ereignisses, der sog. Geistestaufe nach der Wiedergeburt und Wassertaufe. (Vgl. Frage 61.)

   Joh.3,5.6; 14,17; 16,13; Apg.26,18; 1.Kor. 6,11; Tit.3,5.

   Die Fülle der Wirkungen des Heiligen Geistes berührt nicht den Bereich der Tauflehre.

3. **Das Wort Taufe** hat entsprechend dem griechischen Wort **die Bedeutung von Tauchen, Eintauchen oder Untertauchen,** aber nie den Sinn von Besprengung oder Begießen. Joh.3,23.

   Wir verstehen die Taufe als ein Gegenbild der Wiedergeburt, als ein »auf oder in den Tod Jesu ►

► Hineingetauftsein«, das den ganzen Menschen erfaßt und mit einer Besprengung nicht genügend dargestellt werden kann. Sie ist ein Bild der durch den Glauben empfangenen Vergebung und Abwaschung der Sünden.

4. Die **symbolische Bedeutung** der Taufe ist in mehrfacher Hinsicht zu sehen:

   a) **Wasser des Gerichts,** wie es in der Heiligen Schrift an verschiedenen Stellen gebraucht wird.
   2.Sam.22,17; 2.Mose 14,27; Ps.69,1.2; Jes.8,6.7. Den stärksten Ausdruck findet es in der Sündflut. 1.Mose 7,14-24; 9,11.

   b) **Wasser der Reinigung.**
   4.Mose 19,20; Joh.3,5; 13,5.10; 19,34; 1.Joh.5,6.8; 1.Kor.6,11; Eph.5,26; Jes.4,4.

   c) **Taufe als Bild der Grablegung.**
   So sind wir nun mit ihm begraben worden durch die Taufe in den Tod. Röm.6,4.5.

   d) Das Heraufsteigen des Täuflings aus dem Wasser **versinnbildlicht** das **Mitauferstandensein** mit Jesus und den Beginn eines neuen Lebens. Röm.6,4; Gal.2,20; Eph. 4,24.

95 Frage: Welche Ziele verfolgen die Schreiber der Briefe im Neuen Testament mit ihren Aussagen über die Taufe?

Antwort:

1. a) **Paulus illustriert am Bild der Taufe in seinem Brief an die Römer, Kap. 6,** die Gefahr eines Verharrens in der Sünde. Die Frage steht im Raum: »Sollten wir in der Sünde verharren, auf daß die Gnade überströme?« (V.1) Seine Antwort »Das sei ferne« wird begründet mit der Erinnerung an die in der Taufe bezeugten Wahrheiten. Mit dem erneuten Bewußtmachen der Bedeutung der Taufe begegnet Paulus der

Gefahr, die durch die Anfechtungen der Sünde auf den Gläubigen zukommt.

b) **Paulus in seinem Brief an die Galater, Kap. 3,27.28:** Bei den Galatern war eine durch falsche Lehrer ausgehende Gefahr der Rückkehr zum Gesetz vorhanden, die ein Abirren vom Bekenntnis zu Christus bedeutet hätte.

c) **Paulus in seinem Brief an die Kolosser, Kap. 2,8-12:** Die Gefahr durch die Philosophie und eitlen Betrug, nach der Überlieferung der Menschen, nach den Elementen der Welt als Beute weggeführt zu werden, lag bei den Kolossern vor. Daneben bestand die Gefahr, im praktischen Leben zu versagen und ihre engen Beziehungen zu dem Christus, als dem Haupt des Leibes, dem sie als seine Glieder zugehörten, aus dem Blickfeld zu verlieren. Deswegen ruft Paulus in ihr Bewußtsein zurück, daß sie mit Christus in der Taufe begraben und auch mitauferweckt sind durch den Glauben.

2. **Petrus in seinem 1. Brief, Kap. 3,20.21:**
Der Hinweis auf das Vorbild von Jesus, das u. a. im Alten Testament durch die Arche Noahs dargestellt wird, wodurch gläubige Menschen vor dem Zorn Gottes gerettet werden, erhält durch Petrus eine in Klammern gesetzte Beifügung. Diese lautet: »nicht ein Ablegen der Unreinigkeit des Fleisches, sondern das Begehren eines guten Gewissens vor Gott«. Hier warnt Petrus vor der geheimnisvollen Auffassung und irrigen Meinung, als läge in der äußeren Form und Vollziehung der Wassertaufe irgendeine errettende, geheimnisvolle Kraft. Solche biblisch unhaltbaren Meinungen führen leicht zur Verhinderung des Evangeliums

96 Frage: Ist die Taufe heilsnotwendig?

Antwort: Nein. Ein Unterlassen jedoch könnte ein Zeichen dafür sein, daß der Betreffende entweder ein gestörtes Verhältnis zu Jesus, seinem Herrn, hat oder eine schuldhafte Unkenntnis über den Willen des Herrn vorliegt. Jeder sollte diese Frage ernsthaft vor Gott prüfen, auch diejenigen, die an der Säuglingstaufe festhalten. Es ergibt sich nach den Aussagen der Heiligen Schrift, daß die Darbringung eines Säuglings keine Taufe im biblischen Sinn ist und deshalb eine spätere Taufe des Glaubenden nicht als Wiedertaufe bezeichnet werden kann. Die Säuglingstaufe ist in der Bibel nicht bezeugt und fand ihre Einführung vermutlich erst Ende des 2. Jahrhunderts nach Christi Geburt.

XIV.
Das Mahl des Herrn

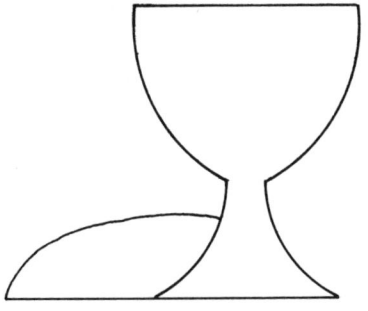

97 Frage: Wann wurde das Mahl des Herrn eingesetzt und worauf gründet es sich?

Antwort:

1. Es wurde von dem Herrn Jesus selbst einge-setzt, als er mit seinen Jüngern zum letztenmal das Passahfest feierte. Sie erlebten es etwa einen Tag vor der sonst üblichen Zeit, denn zu dieser Zeit brachte Jesus sich selbst als Opfer am Kreuz von Golgatha, als das Lamm Gottes dar.
   Matth.26,26-28; Mark.14,22-24; Luk.22,19.20; 1.Kor.11,23-25; Joh.1,29.

2. Das Passahfest als Vorbild finden wir in der Geschichte des Volkes Israel, das erst dann vom ägyptischen Pharao freigelassen wurde, als der Würgengel alle Erstgeburt im Lande schlug. Diesem Gericht wären auch die Israeli-ten unterworfen worden, wenn sie nicht den Anweisungen Gottes durch Mose gefolgt wä-ren und sich unter das Blut eines geopferten Lammes ohne Fehl gestellt hätten, das an die Seitenpfosten und die Oberschwellen ihrer Haustüren gestrichen werden sollte. Sie waren nicht besser als die Ägypter, konnten aber dem Gottesgericht auf diese Weise entgehen. Gott erkannte dieses stellvertretende Opfer des Lammes als Vorbild von Golgatha an (Passah, d. h. vorübergehen).
   2.Mose 12,5.7.12.14; Luk.22,15; Matth.26,19.

3. So wie es die Israeliten als Gedächtnisfeier handhaben sollten, so setzte Jesus das Gedächt-nismahl ein, damit das Zentral-Ereignis der Menschheitsgeschichte, sein Opfersterben am Kreuz, nicht in Vergessenheit geraten sollte.
   1.Kor.11,26.

Frage: Welche Bedeutung hat das Mahl des Herrn? 98

Antwort: Es hat tiefgreifende Bedeutung in mehrfacher Hinsicht.

1. Als **Gedächtnisfeier** macht es den Teilnehmern immer wieder bewußt, daß Jesus zur Sünde gemacht wurde und das Gericht Gottes auf sich nahm. Das gebrochene Brot und der Wein sind die Symbole seines geopferten Leibes und des vergossenen Blutes, unserer Sünden wegen in den Tod dahingegeben. Gedanken einer Verwandlung von Brot und Wein in Leib und Blut Christi finden hier keinen Raum, ebensowenig wie Kult- oder Sättigungsmahle.
    Luk.22,19; Matth.26,26.27; 1.Kor.11,24; 1.Kor.11,20.21.

2. Die **Verkündigung** seines Todes »bis er kommt« macht deutlich, daß Jesus im Tode durch seine Auferstehung den Tod überwunden hat, zur Rechten Gottes lebt und wiederkommen wird. **Die zu seinem Mahl versammelte Gemeinde ist deshalb eine auf sein Wiederkommen wartende Gemeinde.** 1.Kor.11,26.

3. »Tisch des Herrn« ist **Ausdruck der Gemeinschaft und Einheit.** Diese Tischgemeinschaft ist Zeugnis innigster Verbundenheit aller Wiedergeborenen mit ihrem Erlöser Jesus Christus und als Glieder seines Leibes auch untereinander. Sie erstreckt sich auch auf die Verbundenheit in seinem Tode und in seiner Auferstehung. Paulus warnt vor ungöttlichen, weltlichen Gemeinschaften, z. B. Teilnahme an Götzenopfermahlzeiten.
    Joh.17,11.20.21; Eph.4,3; Röm.12,5; 1.Kor. 12,12.13.27; 1.Kor.10,16.17; 2.Tim.2,22b; 1.Kor.10,14.18-22. ▶

▶ 4. Die Teilnahme am Mahl des Herrn bedeutet gleichzeitig die Teilnahme an einer **Lob- und Dankversammlung,** wobei es in erster Linie darum geht, Gott, dem Vater, in Jesus Christus und dem gekreuzigten und vom Tode auferstandenen Sohn Gottes Ehre, Lob und Dank wie ein Opfer unserer Herzen und Lippen darzubringen. Dies setzt voraus, daß ein ungebrochenes Verhältnis zu Jesus besteht und nicht eine Trübung durch Verbindung mit Sünde, Haß, Streit, unordentlichem Lebenswandel und Gleichgültigkeit in dem Besuchen der Zusammenkünfte entstanden ist. Eine nur formelle Handlung mit unbeteiligtem Herzen wäre unwürdig. Ordnung ungeregelter Dinge und Selbstprüfung vor der Teilnahme durch Bekenntnis vor dem Herrn ist unerläßlich.

Matth.5,23-24; Hebr.13,15; Eph.3,21; 5,20; 1.Kor.1,8.9; 1.Joh.1,7.9; Ps.22,23.25; Hos.14,2; Ps.100,4; Matth.26,30; Hebr.2,12; 1.Kor.11,27-31.

5. Die Mahlfeier bedeutet gleichzeitig **zeugnishafte Verkündigung**

a) vor den Menschen 1.Kor.11,26,

b) vor der Engelwelt Eph.3,10.

Frage: Wann findet die Mahlfeier statt, und wer darf daran teilnehmen?

99

Antwort:

1. Das Wort Gottes gibt keine direkten Anweisungen für die Häufigkeit des Brotbrechens. Wahrscheinlich geschah es anfänglich täglich, kurze Zeit später am ersten Tag der Woche, dem **Auferstehungstage des Herrn Jesus.**
Apg.2,42; 20,7; 1.Kor.16,2; Joh.20,19.20.26.
Die Neuordnung der Dinge durch die Auferstehung des Herrn brachte Erfüllung und Beendigung des Gesetzeszeitalters, damit auch den 1. Tag der Woche, den Sonntag, als einen besonderen Tag, der sich zur Mahlfeier anbietet. Röm.10,4.
Eine nur gelegentliche oder mit mehr oder weniger großen Unterbrechungen geübte Mahlfeier sollte zu einer ernsthaften Überprüfung führen, ob eine solche Gepflogenheit der Würde und der Sehnsucht des Herrn Jesus noch entspricht.
Luk.22,15.

2. Eine Berechtigung, am Mahle des Herrn teilzunehmen, hat nur der, der ein **wiedergeborener Christ** ist, keine Irrlehren vertritt und keinen bösen Lebenswandel führt. Vergl. Frage 94-1. Andernfalls wäre das Bekenntnis beim Mahl des Herrn eine schuldhafte Unwahrheit. Auch die Teilnahme mit dem Ziel der Sündenvergebung wäre ein unbiblisches Unterfangen. Die oft angeführte Stelle in Joh.6,53 findet auf die Wiedergeburt, doch nicht auf das Mahl des Herrn Anwendung.
1.Kor.11,27-31; Matth.5,24; 2.Kor.6,14.15; 1.Kor.5,5.11.13; 2.Joh.10; Gal.1,7-9; 2.Thess. 3,6.14.15; 1.Kor.3,16.17; Ps.93,5; 1.Thess. 5,22; Tit.3,10; 1.Tim.6,20; 4,7.16a; Apg.20,30; Phil.2,3; 2.Mose 12,43. ►

▶ 3. Für die Reinerhaltung der Mahlfeier in geistlicher Hinsicht trägt nicht nur **jeder Beteiligte eigene Verantwortung,** sondern **alle** tragen **gemeinsam Mitverantwortung** vor dem Herrn, vor Gott und voreinander, damit das Zeugnis des Herrn Jesus, seines Tisches und der Gemeinschaft, die beim Mahl zum Ausdruck kommt, nicht verunehrt werde oder eine Schwächung erfährt.
1.Kor.5,2.7.8; Offb.2,14.

XV.
Von den künftigen Dingen

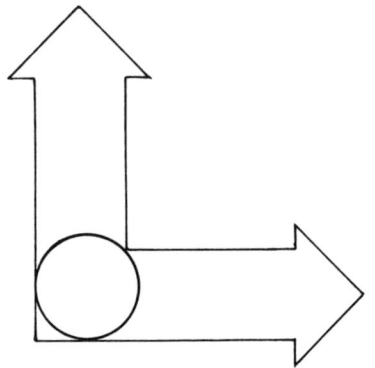

Erklärung: Unter „künftigen Dingen" verstehen wir Voraussagen der Bibel über noch ausstehende Ereignisse (Prophetie).

Wir sprechen von Prophezeiungen, die sich bereits erfüllt haben (z. B. das erste Kommen des Herrn Jesus in diese Welt) und solchen, die sich noch erfüllen müssen (z. B. das zweite Kommen des Herrn Jesus).

Hierbei unterscheiden wir:

1. Voraussagen, die das Volk Israel betreffen,

2. Voraussagen, die den Leib Christi, d. i. die derzeitige Gemeinde Gottes betreffen.

(Anmerkung: Über die verschiedenen Heilsordnungen und den Unterschied über Israel und die Versammlung (Gemeinde) Gottes betreffenden Fragen siehe das im gleichen Verlag erschienene »Bibel-Panorama.«)

---

100 Frage: Was ist der Leib Christi?

Antwort: Er ist die göttliche Zusammenfügung aller Wiedergeborenen der gegenwärtigen Heilszeit. (Siehe Frage 84,2a.)

Gott offenbarte dieses Geheimnis dem Apostel Paulus.

Röm.15,25f; Eph.1,23; 3,1-12; Kol.1,26f.

---

101 Frage: Was sagen die alttestamentlichen Propheten über die Zukunft des Leibes Christi?

Antwort: Das AT erwähnt das Geheimnis des Leibes Christi nicht, und darum redet es auch nicht über dessen Zukunft.

Frage: Was hat der Herr Jesus über die Zukunft seines geistlichen Leibes gesagt? **102**

Antwort: Der Herr Jesus hat, als er auf Erden war, dieses Geheimnis nicht geoffenbart. Er sprach wohl von der Zukunft derer, die an ihn glauben. In Joh.14 sagte der scheidende Herr seinen Jüngern, daß er wiederkommen würde, um sie in das Haus seines Vaters zu führen. Joh.14,1-3.

Frage: Was ist das nächste Ereignis, auf das die Erlösten warten? **103**

Antwort: Die Entrückung des Leibes Christi in den Himmel (1.Thess.4,17).

Der Leib Christi soll und muß mit dem himmlischen Haupt, Jesus Christus (Kol.1,18), für ewig vereint sein. Dazu wird dieser Leib (einschließlich der durch Christus Entschlafenen) in den Himmel entrückt (1.Thess.4,15-17). Das ist zugleich der Abschluß der gegenwärtigen Heilszeit. Danach nimmt Gott seine Geschichte mit dem Volk Israel wieder auf. (Röm.11,25.)

Jahreszahlen und besondere Ereignisse werden uns nicht genannt. Die Vollzahl aus den Nationen (Röm.11,25b) muß zuvor eingegangen, d. h. gerettet sein.

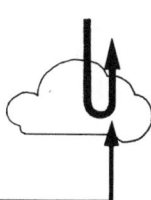

Pfingsten

Entrückung
der Gläubigen

104 Frage: Erleben alle Toten eine Auferstehung?

Antwort: Ja! aber nicht alle zur gleichen Zeit. Die Bibel spricht von einer **ersten Auferstehung,** an der die »Gerechten« teilhaben und von einer **Auferstehung zum Gericht** für die im Unglauben Verstorbenen (Joh.5,29; 1.Kor.15,22). Der Ausdruck »zweite Auferstehung« kommt in der Bibel nicht vor.

105 Frage: Werden bei der ersten Auferstehung auch die Gläubigen des AT dabei sein?

Antwort: Ja, auch sie gehören zur **ersten** Auferstehung, aber nicht zur Auferstehung der Glieder des Leibes Christi. Diese nennt Paulus eine Heraus- oder Ausauferstehung (Phil.3,11 Anmerkung der Elberfelder Bibel) und betrifft nur die Toten »in Christo« (1.Thess.4,16). Die Gläubigen des AT kommen zu Beginn des Tausendjährigen Reiches zur Auferstehung (Dan.12,2; Jes.26,19). (Vergl. das Buch »Bibel-Panorama« Karte XII.)

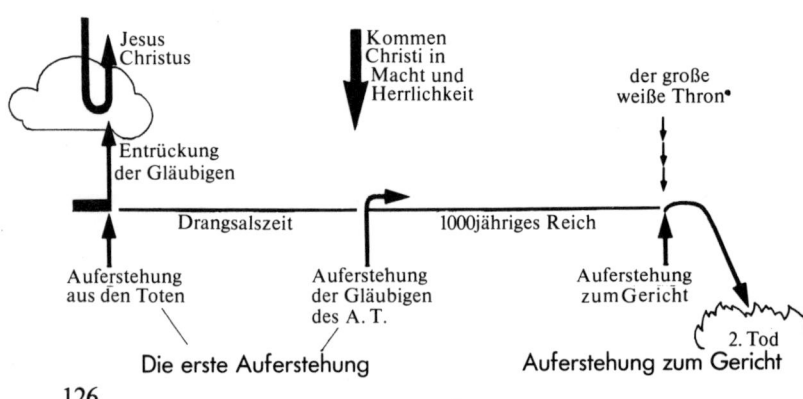

126

Frage: Was geschieht mit den Gläubigen nach Ihrer Entrückung? 106

Antwort: Als Einzelpersonen, nicht als Leib Christi, werden sie vor den Richterstuhl des Christus gestellt werden (2.Kor.5,10).

Ein Gericht, das sie verdammen könnte, haben sie nicht zu erwarten, denn der Herr Jesus hat ihr ganzes Gericht getragen. Wenn sie vor den **Richterstuhl des Christus** gerufen werden, haben sie schon den neuen Herrlichkeitsleib. Aber sie müssen **»offenbar werden«,** d. h. ihr irdisches Leben wird von dem Herrn beurteilt. Alles soll und muß ins Licht Gottes gestellt werden, besonders das, was hier ungeordnet geblieben ist (Röm.14,10; 2.Kor. 5,10).

Die Getreuen werden **Lohn** empfangen (z. B. Kronen, vgl. 2. Tim.4,8; 1.Kor.3,14), und den Trägen wird der Lohn, der ihnen zugedacht war, nicht voll ausgezahlt werden. Sie erleiden Schaden, d. h. sie bekommen weniger oder gar keinen Lohn (2.Kor.5,10).

Es folgt danach die **»Hochzeit des Lammes«** (Offb. 19,6-9). Dies ist ein Bild, durch das die innigste Vereinigung der Erlösten mit dem Herrn Jesus dargestellt werden soll. Es zeigt auch an, daß diese Verbindung ewig, unauflöslich sein wird, denn vor Gott ist eine Ehe unauflöslich (Matth.19,6).

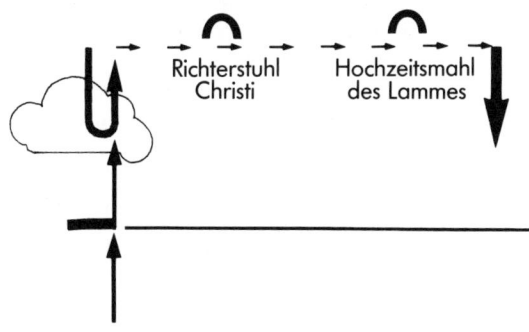

Richterstuhl Christi — Hochzeitsmahl des Lammes

107 Frage: Was geschieht danach in der himmlischen Welt?

Antwort: Es finden die großen Vorbereitungen für das machtvolle Kommen des Herrn Jesus auf diese Erde statt. An dem dann folgenden Kommen in Macht und Herrlichkeit werden auch die Erlösten, die dann im Himmel sind, teilhaben (Kol.3,4). Das Offenbarwerden bedeutet sein Kommen in Herrlichkeit auf dieser Erde. **Offb.19,11ff.**

108 Frage: Wann wird das geschehen?

Antwort: Dazu müssen erst bestimmte Ereignisse auf der Erde stattgefunden haben, die sich nach der Entrückung dort vollziehen. Es sind die Geschehnisse der großen Drangsalszeit und das Auftreten einer antichristlichen Macht und Person und schließlich die große Empörung gegen Gott und den Herrn Jesus, sowie der Krieg gegen die messiasgläubigen Juden und gegen die Stadt Jerusalem (Schlacht bei Harmagedon, Offb.16,12-15; 19,11ff.)

109 Frage: Was wird das nächste Ereignis auf der Erde nach der Entrückung sein?

Antwort: Aus der Unruhe der Völker tritt ein starker und einflußreicher Mann auf, der ein machtvolles Reich schafft im Rahmen der zur Zeit Jesu bekannten Welt.

Dieser wird einen Scheinfrieden schaffen, an dem auch das Volk Israel teilhaben wird. Er wird einen Bund mit dem Staate Israel schließen und ihm Frieden und Sicherheit gewähren.

Dan.9,27; 1.Thess.5,3.

Frage: Wer ist dieser kommende Weltbeherrscher? 110

Antwort: Es wird ein Mann sein, dem Satan seine ganze Macht geben wird; sowohl die politisch-militärische als auch die wirtschaftliche und religiöse Macht vereinigen sich in seiner Person (Offb.13). Er wird sich sogar in den Tempel zu Jerusalem setzen, den Opferkult der Juden abschaffen und erklären, daß er jetzt Gott sei, und alle Welt muß vor ihm niederfallen und in anbeten (2.Thess.2,4; Dan.9,27b; Offb.13,8).

Frage: Werden die gläubigen Juden diesen Mann auch anbeten? 111

Antwort: Nein! Sie werden ihm die Anbetung verweigern. Das hat zur Folge, daß er seinen Friedensbund mit dem Staat Israel brechen und viele gläubige Juden töten wird (Dan.7,21a; 9,27; Offb.13,6ff).

Frage: Was aber sagt Gott dazu? 112

Antwort: Während dieser Zeit bringt Gott sein Gericht über alle Menschen, besonders aber über diese antichristliche Macht. Es beginnen die Tage des Zornes Gottes.

113 Frage: Welcher Art sind diese Gerichte?

Antwort: Die Offenbarung beschreibt die Aufeinanderfolge dieser Gerichte:
1. **Die Siegelgerichte** (Offb.6)
2. **Die Posaunengerichte** (Offb.8)
3. **Die Zornesschalen** (Offb.16)
4. **Das Gericht über die große Hure und Babylon** (Offb.17-18)
5. **Die Schlacht bei Harmagedon,** wenn der Herr selbst kommt. (Offb.16,16.)

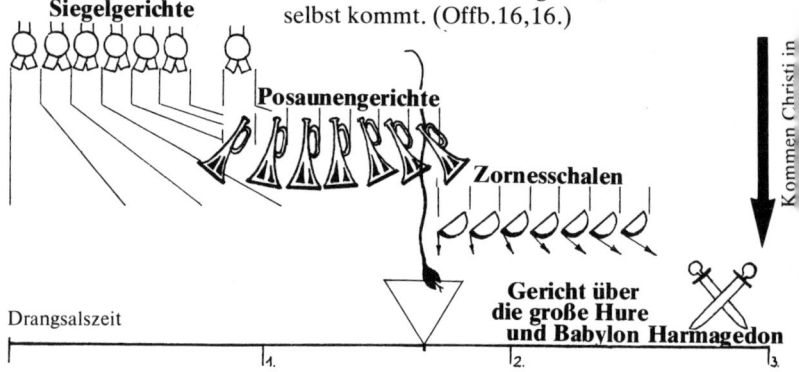

Siegelgerichte

Posaunengerichte

Zornesschalen

Kommen Christi in

Gericht über die große Hure und Babylon Harmagedon

Drangsalszeit

1. 2. 3.

114 Frage: Kommt auch das Volk Israel unter das Gericht Gottes?

Antwort: Ja, für Israel bricht die **Zeit der Drangsal Jakobs** herein (Jer.30,7), die auch »die große Drangsalszeit« genannt wird (Dan.12,1; Matth.24,21).

Nach den Aussagen des Propheten Daniel dauert diese Zeit eine Jahrwoche, das sind 7 Jahre, die in zweimal dreieinhalb Jahre aufgegliedert ist. In den ersten $3^{1}/_{2}$ Jahren wird der Bund des letzten Weltdiktators mit Israel bestehen (Dan.9,24). Danach wird er diesen Bund brechen (Dan.9,27b), so daß die letzten $3^{1}/_{2}$ Jahre für Israel die schwersten Verfolgungen bringen werden (Offb.11,2; 13,5: 42 Monate: Die Drangsal Jakobs Jer.30,7).

130

Frage: Wie wird der Ausgang dieser schweren Drangsal sein? **115**

Antwort: Der Weltdiktator – die Bibel nennt ihn »das Tier« (Offb.13,1ff) – wird mit Hilfe Satans, der dann vom Himmel auf die Erde geworfen sein wird (Off.12,9), alle Könige der Erde zu einem großen Krieg gegen Jerusalem und das Volk Gottes, ja gegen Gott selbst aufrufen (Offb.16,13ff).

In der Ebene von Meggido bei der Stadt Harmagedon werden sich die gottfeindlichen Heere sammeln. Ein Teil der Truppen dringt in Jerusalem ein. Dann wird der Herr Jesus mit seinen himmlischen Heerscharen vom Himmel kommen und alle Feinde vernichtend schlagen. Er selbst wird auf dem Ölberg erscheinen, wie es zuvor prophezeit war (Sach.14,4; Apg.1,11).

Dann wird der Herr sein **irdisches Friedensreich, das Tausendjährige Reich** aufbauen, in dem wirklich Friede und Sicherheit herrschen werden (Jes.32,17; Jer.23,6; 33,16; Hos.2,18; Sach14,11).

Frage: Wer wird teilhaben an dem Tausendjährigen Reich? **116**

Antwort: Alle Messiasgläubigen aus Israel und aus den übrigen Völkern (Röm.15,9-12; Jes.60,3; Jer.4,2; Micha4,2; Sach.2,11; 8,22).

Gläubige Juden werden in der Drangsalszeit das Evangelium vom kommenden Reiche Jesu verkündigen (Matth.24,14). Und **viele Menschen werden dieser Botschaft glauben.** In Offb.7,9ff sehen wir diese Schar der Erretteten aus den Nationen.

117 Frage: Gehen alle Menschen, die die Drangsalszeit überleben, in das Friedensreich ein?

Antwort: Alle Menschen aus den Nationen werden vor dem Richter Jesus Christus in Jerusalem erscheinen. Dann entscheidet er, ob sie in das Reich eingehen oder verdammt werden (Matth.25,31-46; Mark.16,15.16; Joel3,12).

Man nennt diesen Akt das »Gericht der Lebendigen« im Gegensatz zu dem »Gericht der Toten« (Offb.20,12ff). Die zwölf Stämme Israels werden durch die auferstandenen zwölf Apostel gerichtet werden (Matth.19,28).

118 Frage: Werden aus den sogenannten christlichen Völkern auch noch Menschen gerettet werden?

Antwort: Gottes Wort sagt nichts darüber. Es werden vor allem solche Menschen sein, die bis dahin die Botschaft von dem kommenden Weltenkönig Jesus Christus noch nie gehört haben (Jes.52,15). Zur Zeit bekennen sich 70% aller Menschen zu einer nichtchristlichen Religion.

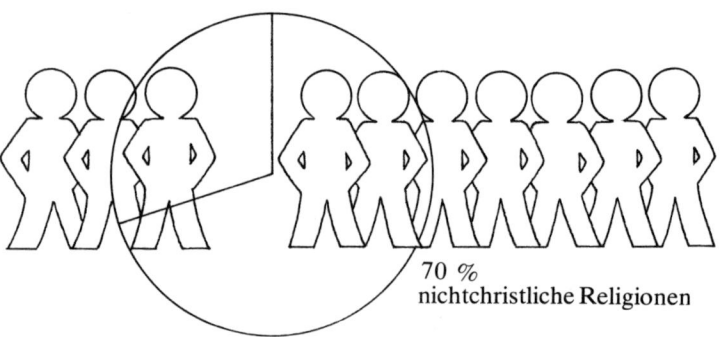

70 %
nichtchristliche Religionen

Frage: Was sind die besonderen Merkmale des Tausendjährigen Reiches?

119

(auch Millennium genannt, von mille = tausend)

Antwort:

1. **Ein Weltreich,** das die ganze Erde umfaßt (Dan.7,13-14).
2. **Der göttliche Weltbeherrscher:** Jesus Christus, Friedefürst, König, Richter und Priester in einer Person (Ps.2; 8,6; 96,10; 110,4; Jes.9,6.7) Jahwe (der Herr) regiert in Jesus Christus.
3. **Die Dauer des Reiches:** 1000 Jahre (Off.20,4).
4. **Ein Reich ohne Waffen** (Jes.2,4).
5. **Jerusalem, die Residenz des großen Königs** (Ps.48,2; Jer.3,17; Matth.5,35) mit dem Tempel als Bethaus für alle Völker (Jes.56,7). Dort stehen die Throne des Gerichts (Ps.122,5; 96,10.13; 67,4). Von dort wird das Gesetz ausgehen (Jes.2,3; Micha 4,2).
6. **Israel** wird **das höchste und führende Volk** unter allen Nationen sein (5. Mose 26,19; Ps.47,3. Dan.7,27).
7. **Die Erde wird voll sein der Erkenntnis der Herrlichkeit Jahwes** (des Herrn) (Hab.2,14).
8. **Satan** ist in dieser Zeit **gebunden** (Offb.20,1-3).
9. **Der Fluch ist von der Erde weggenommen** (Offb.22,3), daher Friede unter den Tieren (Jes.11,6ff; 65,25). Die Erde bringt ihren vollen Ertrag (Ps.65,9ff, 72,16; Joel 2,19.24; Sach.8,12).
10. **Tod und Sünde herrschen nicht mehr.** Die Menschen können wohl sündigen, aber sie brauchen es nicht mehr. Die Gerechten leben 1000 Jahre (Jes.25,8), aber die Gesetzlosen werden täglich durch den Tod weggerafft (Ps.101,8; Jes.65,20; 66,24).

120 Frage: Was ist der Sinn des Tausendjährigen Reiches und warum nimmt es ein Ende?

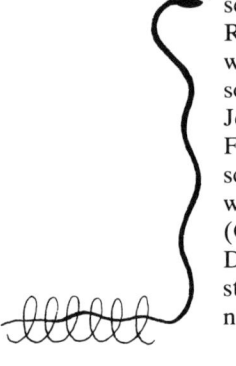

Antwort: Es dient als Beweis der Unverbesserlichkeit der menschlich-sündigen Natur. Nach den tausend Jahren wird Satan losgelassen, denn die im Reich geborenen Menschen müssen auch erprobt werden. Es gelingt dem Teufel, viele dieser Menschen zu verführen und zum Krieg gegen Gott und Jesus Christus und die Stadt Gottes zu führen. Feuer Gottes fällt dann vom Himmel und verschlingt die empörerischen Menschen. Danach wird der Teufel in den Feuersee geworfen. (Offb.20,7-10).

Das Tausendjährige Reich ist also nicht der Zustand der Vollkommenheit, weil dann der Mensch noch sündigen kann.

121 Frage: Was geschieht mit den Verstorbenen, die nicht zur ersten Auferstehung, der des Lebens, gelangten?

Antwort: Diese kommen am »jüngsten Tage« zur Auferstehung des Gerichts; Offb.20,12.15 beschreibt den Gerichtsakt vor dem großen weißen Thron. Dort sitzt der Weltenrichter Jesus Christus, dem der Vater das ganze Gericht übergeben hat (Joh.5,22.27). Die aufgeschlagenen Bücher geben Zeugnis von den Taten der Menschen, die unversöhnt in die Ewigkeit gingen. Das Maß der Strafe wird nach ihren bösen wie guten Werken bestimmt. Auch sie erfahren ein gerechtes Gericht. – Zur Gegenkontrolle liegt dort auch das Buch des Lebens. In diesem stehen die Namen derer, die zum ewigen Leben eingegangen sind. »Wenn jemand nicht geschrieben gefunden wurde in dem Buche des Lebens, so wurde er in den Feuersee geworfen« (Offb.20,15). (Vergl. Fragen 104 u. 105).

Frage: Wird es für die Verlorenen noch eine Gelegenheit der Rettung geben? **122**

Antwort: Darüber sagt Gottes Wort nichts. Es bezeichnet die Dauer des Gerichts als ewig. Im Grundtext der griechischen Sprache heißt ewig: äonisch, (von Äon, zu deutsch: Zeitalter).
Die Bibel kennt keine Lehre über die Allversöhnung aller Menschen in späteren Äonen! **Jetzt** ist die Zeit der Entscheidung zum ewigen Leben.

Frage: Und was geschieht mit der Erde? **123**

Antwort: Die Erde wird vernichtet (Matth.24,35; Mark.13,31; Luk.21,33; 2.Petr.3,12; Offb.20,11).

Frage: Wo bleiben aber die Gerechten, die nicht an der Empörung Satans teilgenommen haben? **124**

Antwort: Gott schafft einen neuen Himmel und eine neue Erde (2. Petr.3,13; Offb.21,1), und er selbst wird bei den Menschen wohnen (Offb.21,3).

Frage: Und warum soll auch der Himmel neu werden? **125**

Antwort: Ein Teil des Himmels ist durch die Gegenwart Satans (Off.12,7-8) verunreinigt worden, daher die Neuschöpfung des Himmels.

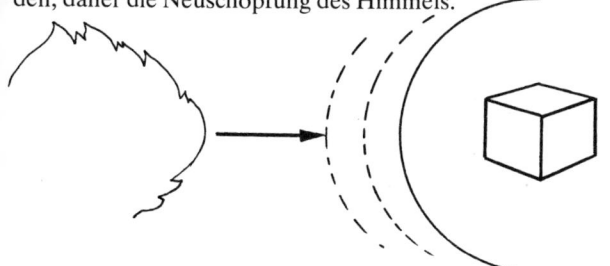

135

Buchempfehlung

Bibel-Panorama

Die sieben Zeitalter des biblischen Heilswegs in zwölf farbigen Darstellungen mit Erklärungen zum Bibelstudium
56 S., 12 vierfarbige Ausklapp-Tafeln und 21 Abbildungen, Format 21 x 21 cm, Paperback, Plastikeffektbindung, DM 22,80

Dieses nach zwei Jahren bereits in dritter Auflage erschienene Buch ist als optische Hilfe für den Bibelleser gedacht.

Was wird sich noch ereignen? 2 Panorama-Ausklapptafeln zeigen es unter Zugrundelegung klarer prophetischer Aussagen der Bibel. Aber nicht nur das Zukünftige, sondern auch Vergangenheit und Gegenwart des göttlichen Heilsplans werden übersichtlich dargestellt. Dabei finden folgende heilsgeschichtlichen Sichten besondere Berücksichtigung: 1) Die Hinführung der biblischen Berichte zum Erlöser, Jesus Christus und sein Werk der Errettung; 2) das Geheimnis der Gemeinde, des Leibes Christi; 3) die Rolle Israels in den Zeitaltern als Träger der göttlichen Verheißungen; 4) das prophetische Wort über das Zukünftige.

Man gewinnt einen Überblick über die Zusammenhänge des göttlichen Plans für diese Welt. – Das „Bibel-Panorama" gibt Ansporn und weckt Interesse, die Bibel zu erforschen. Ebenso ist es als Anschauungsmaterial für das gemeinsame Studium geeignet, etwa in Jugendkreisen, Hauskreisen, Bibelwochen, Freizeiten usw.

Dia-Serie Bibel-Panorama

Die 12 vierfarbigen Darstellungen des „Bibel-Panorama" gibt es auch als **Diaserie,** besonders geeignet für Gruppenarbeiten und bei Vorträgen (1 Satz = 12 Dias, fertig gerahmt = DM 24,–).